子
家

理享家

中国做对了什么

周其仁◎著

中国计划出版社 博集天卷 CS-BOOKY

目录

第一辑　成就与挑战

第二辑　企业家精神

第三辑　国企改革那些年

第四辑　迎接挑战

第一辑
成就与挑战

农村家庭承包责任制、城市国有企业放权让利、沿海特区开放接轨国际经验，启动改革开放的中国，自此掀开了欣欣向荣的一页，尤其是 2001年，中国加入世界贸易组织（WTO）之后，更是驶入快车道，GDP开启10% 以上的年均增速。但问题与成绩如影相随，中国要讲清自己的故事，既要总结经验，也要思考未来。

邓小平做对了什么

本来我为在芝加哥大学举办的“中国改革30年讨论会”准备的是另一篇论文。可是，6月3日科斯（R. Coase）教授的助手来信转述了以下意见：“他认为如果没有一篇关于邓小平的论文，这次研讨会将是不完美的。”来信还说，“你可能是提供这样一篇论文最合适的人选。”这当然不是我可以承受的荣耀。不过，我倒愿意说明，为什么自己愿意冒着不自量力的风险，也要尝试着完成已经97岁高龄的科斯——这次研讨会的发起人和主持者——指定要求完成的任务。

第一次看到科斯的名字，是在一本小书上。那是1985年夏天，北京四通公司的一位朋友悄悄给了我两本小书。翻开一看，是张五常著的《中国的前途》和《再论中国的前途》，由香港信报出版。但落在我手上的这两本，却显然是盗印的：开面很小，纸质奇差，有照相翻拍的明显痕迹；封皮上没有字，里面印有“内部读物”的字样。

不知道谁是张五常。可是翻开他的书，就不能放下。在《中国的前途》的第148页，五常这样介绍：“科斯对经济制度运作理解的深入，前无古人，且对中国的经济前途深表关怀。”书中提到了科斯的两篇大文，用产权（property rights）与交易费用(transaction cost)的概念阐释了制度和制度变迁的理论。那时我自己对市场交易没有多少感受，因此对“交易费用”不甚了了，特别是对把交易费用似乎假设为零的“科斯定理”，感到有理解方面的困难。但是，对于“产权界定”（delineation of rights），却立刻觉得它有非凡的解释力。

为什么独对产权界定别有感悟？容我交代一点背景。我是1978年从黑龙江农村考到北京读大学的。此前，我没有机会上过高中，不过是1966年的一个初中生毕业生，经历了三年停课后于1968年上山下乡。等我拿到入大学通知书的时候，已在邻近俄罗斯的边陲之地上山下乡十年了。对我这样的人来说，邓小平时代的第一页，就是他于1977年8月做出的恢复高考的决定。这一页改变了我们一代人的命运。

1978年十月后的北京，是中国伟大变革的漩涡中心。我们为重新获得读书机会而奋发学习。不过在那时的北京城，似乎也摆不下一张完全平静的书桌。我们到西单看过大字报，传阅过当时一切可得的有关日本、美国、欧洲、中国香港、韩国、新加坡现代化情况的报道，也聚在一起收听十一届三中全会的新闻公报，以及邓小平对意大利女记者法拉奇的著名谈话。站在那个中国开放时代的端口，为了消化大量扑面而来的新鲜信息，我们在自发组织的读书小组里度过了无数不眠之夜。

不过，最打动我们的，还是在一个聚会上听到的安徽农村包产到户的消息。那是亲到现场调查的人带回的第一手报告：大旱天气增加的饥荒威胁，逼得农民悄悄把集体土地分到了户；结果，粮食大幅增产，但“包产到户”却不合法，农民只在底下秘密推进。这个故事让我们兴奋。在贫困好像与生俱来、无可更改的中国农村，原来也存在迅速改善生活的路径！我们的困惑是：为什么被实践证明可以促进生产、解决农民温饱的生产方式，却得不到“上层建筑”的合法承认呢？

1980年，以部分北京在校大学生为主、自发成立一个农村研究小组，立志研究中国农村改革和发展面临的种种问题。由于全部有过上山下乡的亲身经历，其中还有几位本人就是农民出身，大家志同道合、心甘情愿地重新走进农村和农民的生活，观察、询问、调查、分析、研究和辩论，提升了对真实世界的认知水平。机缘巧合，这群“北京小子”的工作，得到了杜润生先生等前辈中国农民问题顶级专家的欣赏、指点和支持，把我们带入改革政策的制定过程。其中个人最离奇的经历，就是身为一个党外人士，也参加了20世纪80年代中共中央关于农村改革几个政策文件的准备、起草、修订、成文的全过程——按规矩，这些党内文件一旦下发，是不可以让我这样的党外人士阅读的！仿佛在不经意之间，我们见证了历史：对于8亿中国农民来说，包产到户才是邓小平领导中国改革伟大戏剧的第一幕。

一、中国特色的产权界定

包产到户并不是“新生事物”。调查表明，早在1956年下半年，浙江永嘉县就出现了包产到户——刚被卷入高级社的农民发现“大锅饭”带来出工不出力的消极倾向，就把集体土地划分到农户，以此约束集体成员努力劳动。后来我结识当年主政那个地方的县委书记李云河，他因赞成包产到户而被革职、遣返老家务农长达21年之久！ 1959－1961年间，包产到户出现在“大饥荒”最严重的所有省份，其中仅安徽一地就蔓延到全省40％的生产队，农民把能够有效抵抗饥荒的责任田称为“救命田”。问题来了：既然包产到户不是邓小平主政中国以后才出现的现象，更不是邓小平自上而下“发明”或推行的一种土地制度，为什么要把农村包产到户改革看成邓小平伟大戏剧的第一幕？

答案要从包产到户本身寻找。“包产到户”的学名是“家庭承包责任制”（household contracted responsibility system）。在这套制度下，集体的土地分给农户，以农户承担一定的责任为前提。在开始的时候，农户的责任通常联系着“产量”——以相应土地面积的常年平均产量为基线，农户承诺将交多少给国家、多少给集体，以此交换土地的承包经营权。很明白，这是一个“增加的产量归农民”的合约，对生产积极性的刺激作用不言而喻。另一方面，承包到户的土地，并没有改变“集体所有制”的性质——它们还是公有的，只不过按照约定的条件交给农户使用而已。

农民和基层生产队发明了家庭承包责任制，也证明了这套办法能够有效地增加产量、抵御饥荒。但是，农民和基层生产队并不能决定包产到户能不能得到合法的承认。这是苏式中央集权体制的一个派生物：任何经济组织、生产方式的变动，都被看成事关社会主义道路和方向的大事，因而都必须由最高权力当局决定。在中国，从“三条驴腿的合作社”到几万、甚至几十万人组成的超级人民公社，从要不要办集体食堂到可不可以由社员私养集体的母猪，一切皆由中央定夺。可是，中央对集体土地承包给农户经营的办法意见分歧很大。

自发的合约得不到法律承认和保护，对当事人的预期和行为就有不利的影响。我们看到，自发的包产到户固然可以让农民尝到增产和温饱的甜头，但此种好处究竟能不能持续？未来继续承包的条件有什么改变？以及在什么情况下承包模式有可能被批判？所有这些疑虑都影响着农户的生产和投资（农地保护和改良）决策。这是来自合约本身性质的一个实质性的困难：作为有待兑现的一组承诺，不稳定的预期无可避免地要增加合约的履行成本。

邓小平的贡献，是把国家政策的方向，转向了对促进生产力的自发合约提供合法承认与保护。这并不是这位伟大政治家一时心血来潮的杰作。据杜润生回忆，早在1962年邓小平就谈到，“生产关系究竟以什么形式为最好，要采取这样一种态度，就是哪种形式在哪个地方能够比较容易比较快地恢复和发展农业生产，就采取哪种形式；群众愿意采取哪种形式，就应该采取哪种形式，不合法的使它合法起来”（见《杜润生回忆录》，第332页）。这说明，邓小平早就明白“合法承认”对特定生产关系（产权与合约）的意义。当历史把他推上了执政地位之后，邓小平就用“这样一种态度”来对待农民和基层创造的家庭承包责任制。

在邓小平领导下，农民家庭承包制获得了长足的发展。家庭承包制由落后边远地区扩展到发达地区农村，进而几乎覆盖了全国所有农村生产队；土地承包的期限由一年、三年、十五年、三十年扩展为“长期不变”；合约的责任从联系产量开始，逐步演变为联系土地资产。农民家庭承包责任制不断得到更高规格的合法承认：从基层的秘密存在，到地方政府的承认，到中共中央政策文件的肯定。最后，2002年，全国人大通过了《农地承包法》，确立了农户家庭承包责任制的法律地位。按照这部法律，全部农地的使用权、收益权和转让权，都长期承包给了农户；“集体”仍是农地在法律上的所有者，但其全部经济职能就是到期把所有农地发包给农民。随着承包户拥有续订合约的优先权，“长期不变就是永远不变”。

中国人创造的这个经验，让我们想起了科斯在1959年提出的一个命题：“清楚的产权界定是市场交易的前提”（中译见《生产的制度结构》，第73页）。我们可以说，产权界定也是合约的前提——要不是双方或多方各自拥有清楚的资源产权，他们之间怎么可能达成任何一个合约？可是，中国的实践却提醒人们：恰恰是承包合约才界定出清楚的农民对土地的权利，因为在订立承包合约之前，作为集体成员的农户究竟对集体土地拥有何种权利，通常是模糊不清的。这是不是说，农户的产权反而是经由合约才得到界定的？在这个意义上，我认为可以得出一个新的结论：合约缔结与产权界定根本就是不能分开的同一回事。

合约可以经由再合约（re-contracted）得到调整，而经由合约不断界定的产权也就可以不断进一步明确其经济含义、并逐步提升产权的“强度”。我们在中国看得清楚，后来被列入宪法保护范围的私人合法财产权利，最初就是从城乡公有经济的承包合约中产生并发展起来的。私人承包获得的公有资源在约定条件下排他的专用权，不是私产又是什么？按照承包合约，超出约定产量的部分一般归承包人所有，这难道不正在创造更完备的私产吗？随着承包私产和超越承包形成的私产不断由少增多、由弱变强，公有制成员不断扩大对外缔结合约的范围，循序渐进地积累起更多的合法私产，也进入更丰富多样的市场合约网络。这套经由合约界定出清晰产权的办法，从农业扩展到非农业，进而扩展到城市，奠定了中国市场经济的基础。

来芝加哥参加这次会议的时候，正是中国春小麦的收割季节。此刻在华北农村的田野上，有一幅壮观的画面：成千上万台拖拉机和收割机，顺着庄稼成熟的路线跨村庄、跨市县、跨省份移动。这些拖拉机和收割设备，有私人的，有多个私人拥有并集合到一个合作社或一个股份公司的，也有“公司”承包给私人经营的。他们作业的范围，早就超越了一个个“集体”的狭小范围，惟有一个复杂的市场合约网，才把他们与数目更加巨大的农户、合作社、公司制农场的收割服务需求连接在一起。甚至政府也参加了进来，一道道紧急颁布的命令，不但要求沿途高速公路对这些农机分文不取，而且要求提供良好的服务。这是经历了30年改革的中国经济的一个缩影：产权与合约构成了所有活跃的生产活动的制度基础。

邓小平本人不一定看到过“产权界定”的理论表达。可是，邓的改革之道在某种程度上来说就是坚持产权界定并寸步不移。这套中国特色的产权界定，一直受到来自不同方向的批评。一种批评说，邓的改革逾越了“一大二公”经济的最后边界，因而背离了经典社会主义。这个批评忽略了继续维系一个不断支付昂贵的组织成本的体制的巨大代价，这一点，人们通过比较改革的中国与拒不改革的那些国家经济表现上的显著差别，就可以获得深刻印象。另一种批评认为，基于承包合约的产权改革远不如“全盘私有化”来得彻底和过瘾。这种批评则看轻了制度变迁所要付出的代价：只要过时的观念和既得利益缠住了相当多的人群，任何“激进和彻底的改革”在实际上寸步难行。甚至，制度选择的“最终目标”也受制于交易费用的状况。例如，这次我们大家到芝大开会，都要借助属于芝加哥市政的“公共通道”。为什么不把天下所有的“公路”都彻底化为“私路”呢？答案是费用。每人一条专用的道路显然太过昂贵，于是社会退而求其次，在保留“公路”的同时约束人们的行路规范。

邓小平不为任何批评所动。他始终坚持一点，无论如何也要容许中国人在实际的约束条件下从事制度和组织选择的探索和试验。任何产权、组织或合约形式，只要被证明可以促进生产的增加和人民生活的改善，邓小平就乐意运用自己的政治威望动员国家机器，在“中国特色社会主义”的总标题下为之提供合法承认。这看起来似乎只是一套非常实用主义的策略。但是，有了科斯以来经济学的进展，我发现在中国改革的实践经验里，包含着具有很高普适性的道理，这就是广义的交易费用决定着制度的存在及其变迁。

二、把企业家请回中国

2006年，我访问了浙江东部台州市松门镇的一家民营公司。创办人叫江桂兰，是位农家女，中学毕业后打工10年，1991年靠私人借贷来的20万元，办起了一家塑料制品厂。四年后，江桂兰在广交会上向别人转租来的六分之一展台上，与外商签订了第一个出口合同。又过了十年，江的公司已成为肯德基全球用餐具的主要供货商。等我到访的时候，江的公司有1000多名工人，每年出口600个集装箱制成品。

江的故事在今天的中国非常平常。比起华为的任正非、阿里巴巴的马云、吉利汽车的李书福、蒙牛的牛根生以及其他大牌明星般的民营公司老总，江桂兰过于普通了。不过，要是在改革前，江的公司就是比现在小一百倍也容易“举世知名”——在那个时代，任何“自由雇佣”工人的企业，绝对都有机会作为“资本主义的典型”而登上政治新闻的榜首！同样是私人办公司，从被看作“资本主义”的洪水猛兽，到被戴上“民营企业家创业”的桂冠，满打满算也只不过30年——中国到底发生了什么？

为了回答这个问题，人们当然要提到来自实际经济生活的压力。一方面，在“短缺经济”下商品和服务的长期匮乏，满足不了城乡居民家庭最基本的生活需要；另一方面，单一公有制经济又容纳不了日益增长的就业要求，特别是不能吸纳包产到户改革后释放出来的巨量“农村剩余劳动力”。两方面压力的汇集，逼迫中国以更灵活的方式组织经济。

于是，在单一的公有制经济的身边，出现了野草般顽强成长的“个体户”。当年北京的一个标志性事件，就是回城的下乡知青在路旁摆摊出售“大碗茶”。他们自我雇佣或利用家人劳力，靠私下筹集的小资本捕捉种种市场机会。一些个体户取得了成功，而日益扩展的市场要求他们进一步扩大生意的规模。结果，“个体户”开始越出了“家庭劳力加两三个帮手”的规模，向着雇佣更多工人的“私人企业”方向演变。挑战来了：社会主义中国怎么可以容许“资本主义剥削”的复辟？

对传统思维而言，私人拥有生产资料，自由雇佣、特别是雇佣工人超过7人以上的企业，当然就是“资本主义剥削”，与社会主义格格不入。这条马克思和苏联模式划下的这条铁的界线，中国自1956年完成了“工商业社会主义改造”后，也再也没有逾越过。现在，改革突破了传统戒条，是不是“走资”的疑虑笼罩中国。

同时高举改革开放与坚持社会主义两面旗帜的邓小平，抓住了一颗瓜子破解难题。20世纪80年代初，安徽芜湖个体户年广久炒卖的“傻子瓜子”受到市场追捧，生意迅速扩张。1981年9月，年氏父子三人从雇用4个帮手开始，两年内发展成一个年营业额720万元、雇工140人的私人企业。“傻子”当上了老板，争议也从芜湖一路到了北京。如何定夺小小一颗瓜子里面的大是大非？

我当时供职的农村政策研究机构是杜润生领导的，他组织了关于“傻子瓜子”来龙去脉的调查，并把有关材料报到了邓小平的案头。记得当时传回来的小平指示，斩钉截铁就是“不要动他”四个大字！其中，最了得的还是那个“动”字，因为这一个字就包含了“运用国家机器的强制手段给予取缔和打击”的全部意思。既然历史经验显示过去那套做法效果不佳，小平的意思就是多看看、多试试，再也不准用粗暴的手段对待像年广久这样的民营企业家。

邓小平的办法就是允许实践，并从实际出发来观察和分析。冷眼看“傻子瓜子”，并不难厘清其中的是非曲直：年广久雇佣的140名工人，原本都得不到国有公司的工作机会；年广久付给工人的薪水，不低于当地国有工厂的给付水平；这些工人原本或失业，或从事其他工作但收益还不如给年广久打工。更重要的是，“傻子瓜子”的市场成功，刺激了更多的瓜子供给——老板与老板的市场竞争加剧了，不但是顾客的福音，更是工人的福音！可是，“资本主义剥削”的公案又该做何处理？

没有人指出，剩余价值学说的基础是交易费用为零。马克思在理论上坚持，当资本在“流通领域”雇佣劳力时，双方交易遵循的是等价原则。在这里，一切商品包括劳力商品的价格等于价值，因此就排除了资本对劳力的剥削。奥秘发生在其后：当资本家带着雇来的工人进入工厂的大门以后，通过组织、指挥、命令工人生产出高于其劳力价值的产品；最后，企业主带着这些产品回到商品流通领域，再次通过等价交换而完成剩余价值的实现。

很明白，在上述各个环节，都没有交易费用这回事。不是吗？资本家似乎可以不费吹灰之力就发现了顾客及其需求的各种细节，从而决定生产什么和生产多少；资本家也不费吹灰之力就发现了待雇的劳力和其他生产要素，从而决定以什么价格、什么合约形式雇多少要素；资本家甚至无需付出监督和管理的努力，就可以使团队产品自动大于团队成员个人产品的算术之和。在这个前提下——也仅仅在这个前提下——我们同意马克思的意见：“剩余价值”不但是“多余”的，而且还带有道义上不公正的剥削性质。

问题是，真实世界里的交易费用绝不为零。一般如商品和服务的买家与卖家，特殊如资本家与工人，他们之间在市场上的互相发现、订约和履约，都要付出昂贵的费用。交易费用不为零，就既不存在自动的“等价交换”，也不存在不需要经营、监督和管理的经济组织。从这点看，发现市场、协调供求、组织生产等项职能，绝不是“多余的”。资本家们获取的报酬，部分是投资于企业的财务资本的利息，部分是作为企业家人力资本的服务回报。至于这些收入的水平高低，是由市场竞争——企业家与企业家的竞争、工人与工人的竞争、商品买家与买家的竞争，以及商品卖家的竞争——决定的。

资本家当然要利用自己的相对稀缺性谋求更高的收益。像任何市场中人一样，资本家也可能在履行合约的过程中，侵犯、损害各相关利益方——其他股东、各种债权人、工人、上下游供应商、产品经销商、甚至顾客——的利益。人们可以用“剥削”之名囊括所有这些侵权行为，但是“剥削”并不是资本家的唯一职能，正如可能的假冒伪劣行径并不是商贩的全部职能一样。在真实世界里，人们节约交易费用的行为与增加交易费用的行为——两者皆可图利——经常混杂在一起。究竟哪一种行为主导了经济，取决于现实的约束条件——习俗、道德、法律及法律的实际执行。

那么，究竟该怎样对待真实经济活动过程里的资本家呢？苏联模式得出的了一个革命的结论——“消灭资本家，消灭一切剥削”。但是这样一来，把资本家节约交易费用与组织成本的职能也一并消灭掉了。问题是，交易费用并没有随着资本家的被消灭而消失。社会主义经济仍然面临节约建设成本、生产成本、制度成本和组织成本的严重问题。结果，把资本家打翻在地，只好由自己来扮演“总资本家”的角色，即用“没有资本家的资产阶级法权”（列宁）来管理国民经济。几十年的实践结果表明，计划体制不但运行成本奇高，也并没有完全消灭“剥削”——作为等级制替代产权与市场合约制度的产物，官僚特权替代了资本家的剥削；在“大锅饭”的体制下，多劳不能多得的，天天受到“不多劳却多得”行为的剥削。这个结果应该出乎人们当初的预料，它当然要被反思。邓小平不允许把重新冒头的民营企业一棍子打下去，坚持多试试、多看看，意在探索把复杂问题分开来处理的路径。苏联和中国自己的历史教训时刻提醒着中国改革的决策者，为什么社会主义经济非要把资本家连同创业精神、市场判断力、组织和协调生产的能力一起抛弃呢?

邓小平把企业家请回了中国。他执掌中国后不久，就高度肯定了历史上“民族资产阶级”的代表荣毅仁，并大胆决策划出一笔国有资本交付荣先生全权打理——这开启了“国有资本＋企业家”的新经济模式。邓小平还运用自己的政治权威，多次对“傻子瓜子”这个事件表态，不准再动用国家机器鲁莽地扼杀民营企业家。这位革命老人一次又一次耐心地问：允许这些企业家的存在，难道真的就危害了社会主义吗?

越来越多的人得出了正确答案。随着企业家的存在被广泛认为是“对的”(right)，创业当企业家就再次成为中国人的一项权利(the rights)。改革以来，中国发布了多个政策文件、通过了多部法律，并数度修订宪法，逐渐承认并保护了普通人自由缔约、创办各类企业、按投资要素分配收入的合法权利。据一项权威调查发布，到2007年底，中国的民营经济约占国民生产总值的50％、非农就业的70％、税收的30％－40％。这是改革前无论如何也不能想象的。

三 、重新认识看不见的手

从1985年5月开始，邓小平连续几年推动“价格闯关”。这意味着，原来由国家规定和控制的物价，要放开由市场决定。此前，中国已形成了一种“价格双轨制”，即按计划指令生产的产品由国家定价，超计划增产的产品则按市场供求决定价格。这个过渡性的体制，在显著刺激增产的同时，也造成分配方面的混乱：同一个产品的“市场价”高于其“计划价”数倍甚至十数倍，以至于任何有“门路”的人，都有机会把计划轨道上的产品倒卖到市场上而大发横财。一时间，“寻租”盛行，公众反感。邓和他的同事们决心推进价格改革，解决问题。

价格改革之所以被称为“闯关”，是因为此前的波兰因放开食品价格，影响工人生活，导致大罢工和波兰共产党的下台。中国“价格改革”的代价究竟有多大，能不能平稳推进，没有谁可以打包票。邓小平决心用自己的权威推进价格闯关。他甚至说，趁我们老同志还在，勇敢闯过这一关。

1988年7月，国务院宣布开放名烟名酒价格。这其实是一次试探性的前哨战。同年8月中旬，中共中央政治局会议通过了《关于价格、工资改革的方案》。不料，会议公报发表的当天，全国各地就出现居民抢购食品和生活用品，又拥到银行挤提存款的风潮。十天以后，国务院宣布加强物价管理、不再出台物价调整项目、提升银行存款利息、全面整顿市场秩序。当年9月，中共中央政治局决定开展全国范围的“治理整顿”。第一波“价格闯关”搁浅。

事后我的理解是，在累计发放货币过多的条件下“放开价格”，势必把原先“隐形通胀”转成为群众不可能接受的显形高通胀。这证明，即使得到了政治方面的强力支持，在高通胀环境下也难以顺利推进价格改革。中国进入了为期三年（1989－1991年）的“治理整顿”期，政府用行政手段抽银根、压投资、管物价；经济增长减速，经济改革停滞。让中国和世界大吃一惊的是，邓小平在1992年春天再次奋力推进中国改革。他以一个88岁退休老人的身份，发表了著名的南方谈话——“不改革开放，只能是死路一条”。邓小平特别提出了长期困扰中国改革的问题：坚持计划体制是不是就等于“姓社（会主义）”走市场之路是不是就等于“姓资”（资本主义）？他的答案石破天惊：计划和市场都不过是配置资源的方式，社会主义同样可以走市场之路。

在邓小平的推动下，中国于1992年再度勇闯价格关。是年，新放开的生产资料和交通运输价格达648种、农产品价格50种，其中包括在全国844个县（市）的范围内，放开了长达几十年由国家统购的粮食价格，并放开了除盐和药品以外全部轻工业产品的价格。到1993年春，中国社会零售商品总额的95％、农副产品收购总额的90％，以及生产资料销售总额的85％，全部放开由市场供求决定。“价格闯关”最终成行，“用市场价格机制配置资源”从此成为中国经济制度的一个基础。

经济学家通常会不遗余力地推崇市场价格机制。这不足为奇，因为有亚当·斯密以来经济学传统的鼎力支持。可是，为什么邓小平也对“看不见的手”情有独钟？这位曾经指挥过百万野战大军、担任过中共中央总书记和国务院副总理的大政治家，分明拥有一双

“看得见的手”！他难道不知道，扩大市场价格机制配置资源的范围，总要在某种程度上收缩“看得见的手”发号施令的范围？大权在手，又坚决推进价格闯关，这究竟是为什么？

要回答这个问题，我认为涉及三个层面。第一，前苏联式计划体制的实质，是把整个国民经济办成一个超级国家公司。这个超级国家公司不得不承受巨大的组织运行成本：收集需求和生产全部信息的成本，决策和指挥的成本，以及发现错误并加以纠正的成本等。作为改革前中共第一代领导集体的一员，邓小平多年负责处理国家一线事务，几乎就是这个超级国家公司的执行长。正因为对原有体制不堪重负的成本压力有切身感受，也对原体制的运行效率极不满意，才迫使邓小平比局外批评家更明白权力过于集中的主要结果，恰恰是无法有效行使国家权力。历史把这位执行长推上了决策人的位置，邓小平决意改革，顺理成章。

第二，邓小平倡导的开放，启迪了一代中国人，也启迪了他本人。作为1978－1982年一位北京的在校大学生，我感受到那几年涌动的关于中国经济发展的新想法、新冲动，无一例外都来自多年封闭后对外部世界的观察、比较和思考。无论欧美日本、亚洲四小龙，还是南斯拉夫、匈牙利和波兰，所有当时在经济成就方面令中国羡慕的经济体，没有一个是套用苏联计划模式的。这些经济体都允许“看不见之手”发挥基础性的资源配置作用。这些经验说明，价格机制并不是洪水猛兽，中国为什么不可以大胆试一试？

最后一个层面最为隐蔽。邓小平的哲学，是相信每个普通人都具有改善生活的持久动力。国家要富强，要推进现代化，就必须充分发挥每一个社会成员和所有基层组织的积极性。正是在这样的思想基础上，才产生了上文提到的中国式权利界定和把企业家请回中国的改革政策。新的问题是，当改革开放释放了个人、家庭和基层组织的积极性之后，如何协调（coordinate）十数亿人口爆发出来的竞争致富冲动，就成为新的经济体制必须解决的问题。邓小平倾心于发挥价格机制的作用，是因为他认识到仅靠国家计划之手，根本不足以应对改革开放后如何协调整个中国经济的新课题。

叙述至此，我们也许要为一件事情而感到遗憾，那就是科斯教授从未访华，因此也没有与邓小平先生谋面的机会。不过，我猜想他们俩可能会互相欣赏。科斯在1937年创立的公司理论，出发点是覆盖整个经济的“完备的市场”，由价格机制配置一切资源——这也是大多数经济学家的理论出发点。但是，年轻的科斯早在1937年就发现价格机制并不免费，因为完成市场交易的成本常常极其昂贵。为了节约由科斯在科学上首先定义的交易费用（transaction cost），内部似乎不用价格机制、靠企业家的权威和计划来协调的“公司（firm）”就应运而生了。

邓小平的出发点是另外一极，即囊括了整个国民经济的超级国家公司。在这里，国家用“看得见之手”的权威和计划协调整个国民经济，固然因为消灭了一切市场交易而不再受到狭义“交易费用”的局限。但是，科斯定义的另一种成本即“组织成本(organization cost)”，却每日每时困扰着这个超级国家公司。邓小平领导的改革，出发点就是降低超级国家公司的巨额组织成本。为此，他提倡通过对重新界定权利的合法认定，激发个人、家庭、基层组织和地方的积极性，还同时把企业家协调和价格机制协调一并请回到中国经济的舞台。

我们有幸目睹了历史性的一幕：一个实事求是的经济学家离开了“看不见之手”支配一切的理论原点，向企业家协调与价格机制协调并用的真实世界出发；一个实事求是的政治家离开了计划经济的教条，向市场与计划并用的体制前进——他们“会面”的地方不是别处，恰恰就是改革的中国！当然，在“看得见之手”与“看不见之手”之间，边界尚没有完全厘定，摩擦和冲突时有发生。但是，“两手”之间充满意识形态敌意、非白即黑的那一页已经翻过去成为了历史。新的认知是，计划组织与价格机制可以在一个经济体里共存并用，并以实际的运行成本为依凭来划清彼此之间的界线。

四、腐败的挑战

邓小平关于中国的许多预言都已经实现了。不过，有一点至今还是例外。1985年春天，我在随杜润生先生前往温州调查的路上，听到传来的邓小平指示，大意是中国不能出现百万富翁，不能走两级分化的道路。到达温州的时候，当地人也正在热烈讨论。他们提出的问题是：温州一些民营企业家的身家财产早就超过了百万，分明已是百万富翁，怎么办？讨论得出的结论是，企业家的私人财产只有很小的一部分用于自己和家人的消费享受，大部分还是用于生产——如果把消费资料与生产资料恰当地分开来，温州乃至中国就“还不能算已经有了百万富翁”。既然如此，邓小平的指示就不算被违背了吧？

仅仅过了十年，个人的消费性财产超过百万的例子在中国就不胜枚举。数千万的世界级名贵跑车在中国热卖——那可不是“生产资料”。2000年前后，全球顶极奢侈品的专卖店纷纷在北京上海深圳开张，市场说这里是成长最快的奢侈品市场。由于房地产和股票市场的力量，很多专业人士包括工薪家庭，也进入了百万富翁的行列。所有这些，可以不无理由地被看成经济成就的象征。但与此同时，官方统计和报道、国内外学界的调查、以及对社会生活的直接观察，都表明今天的中国还有不少生计艰难、平均每天收入不过1美元的贫困人口。

学者们用“基尼系数”描述收入分配差距的状况，发现改革后中国的收入分配差距有拉大的趋向。这类测度可能忽略了一点，即“收入的获取是否合乎公义”并不是定量技术可以描述的。正如姚明的高收入是一回事，贪官们买官鬻爵的收入是另一回事——公众舆论真正痛恨的是后者，因为其收入不合公义。可是，关于收入差距的测算并不能体现这个极其重要的区别。其实，真正威胁改革存亡的严重问题是，即使根据反贪部门公开发布的腐败案例，人们也看到利用公权力腐败——显然不合正义的收入——的趋势在中国有增无减。

除了当事人的道德水准外，贪污腐败的趋势到底与什么有关？对此，张五常曾提出过一个理论。在本文开首提及的《中国的前途》里，五常指出，就竞争稀缺资源而言，人类社会形成了两种基本的经济制度。一种以等级制特权来规范和约束人们的行为，防止稀缺资源被彻底滥用。另一种就是产权制度，即以财产权利的界定来划分人们从事经济活动的自由空间，以刺激生产、交换、分工与合作。张五常更推测，当第一种经济制度转向第二种制度即市场经济的时候，腐败将大量发生，因为原来的等级特权无可避免地要争取最高的“权力租金”。这个过程甚至可能形成一种独特的“秩序”，即“制度化腐败”（institutionalized corruption）。后来的中国经验的确表明，腐败不仅仅是改革启动的一种伴随物，也是瓦解公众支持改革的腐蚀剂、甚至是终极改革的致命杀手。转型经济怎样应对制度化腐败，是一项严重的挑战。

邓小平的答案是多手并举：道德教育、党的纪律和法治。我不认为还可以想出更多的办法来遏制腐败。问题是，在上述分权改革、重新界定权利、承认并鼓励民营企业家、大规模利用价格机制的每一个过程中，腐败不但形影相随，且有更快蔓延之势——腐败跑得似乎比改革还要快！ 1986年9月，邓小平得出了一个重要结论：不改革政治体制，就不能保障经济体制改革的成果，不能使经济改革体制继续前进（《邓小平文选》，第三卷，第176－180页）。为此，他开始部署中国政治体制改革。

政治体制改革远为复杂和困难。最主要症结是，经济改革触犯的经济既得利益，还可以用经济手段补偿，但政治改革触犯的既得利益，拿什么来做补偿？举一个例子，原来“享受低价好处”的居民家庭，一旦价格放开后受到损害，政府可发财政补贴给予补偿。但是，原来主管物价的政府部门，价格放开后就面临权力缩减、部门撤并、甚至官员下岗的现实问题。对于一辈子管物价的官员来说，他身上的专用人力资本一夜之间全部报废，他能接受吗？用经济办法来补偿“丧失权力的损失”吗？出价低，不可能被接受；出价高，国家财政不堪负担——等级制其实是非常昂贵的。听任掌权者自己补偿（贪污腐败是也）？公众不可能接受，而那样“补偿”的结果，一定是更舍不得放弃权力。那么，可以不予补偿就取消权力吗？可以，但改革因此在某种程度上就等于革命。

邓小平多次讲过“改革也是革命”。不过他面临另一项约束。作为“权力过于集中”的派生物，中国的党政骨干系统发达，但其他社会软组织发育不足，行政系统实际上负担着社会经济体系的运转。这本身就增加了消化政治体制改革副产品——重新安排官员——的难度。另一个连带的后果，就是国家权力体系一旦失稳，整个社会就容易动荡。所以，推进“也是革命”的政治体制改革，又不得不以“稳定”为边界。于是人们看到，1986年重新提上日程的中国政治体制改革，并没有被大力推进。一年以后的中共十三大，通过了酝酿已久的政治体制改革纲领，但没等到切实实施，“价格闯关”的失败以及随后发生的事件，更多地给中国推进政改的进程增添了困难。即使1992年邓小平的南巡讲话，也限于推动经济增长与经济改革。中国的政治体制改革，是邓小平未竟的事业。

五、小结

中国经济增长取得的令人瞩目的成就，为邓小平启动的改革开放提供了一个无可更改的背书。如果用最多数人口的日常生活得到显著改善作为评价标准，邓小平领导的中国改革开放一定会被写入历史。当然，伟大成就的成因是复合的，人们对此也常有不同的看法。我的观点是，正是改革开放大幅度降低了中国经济的制度成本，才使这个有着悠久文明历史的最大的发展中国家，有机会成为全球增长最快的经济体。

有观察家以为，“廉价劳动力”是中国竞争力的根本。对此我的问题是，改革前中国劳力和其他要素的价格更为低廉，为什么那时候并没有影响全球市场的“中国制造”？更深入的分析表明，知识扩展才是中国经济成就的基础。不过若问，为什么中国人、特别是年轻一代中国人对知识的态度有了根本的转变？答案是，改革激发了中国人掌握知识的诱因，而开放则降低了中国人的学习成本。综合起来，早已存在的要素成本优势、改革开放显著降低制度费用以及中国人力资本的迅速积储，共同成就了中国经济的竞争力。其中，制度成本的大幅度降低，是中国经验的真正秘密。

邓小平开启了中国改革开放之路，也开启了中国经济增长之路。不过，他并没有完成中国的改革开放。无论在产权的重新界定，企业家职能的发挥，市场经济框架的完善，还是国家权力的约束与规范方面，中国都面临大量未完成的议题。作为渐进改革策略的一个结果，很多困难而艰巨的改革任务留在了后面，并面临改变着的社会思想条件。就在科斯先生主办的本次研讨会举行期间，全球金融动荡和油价高企，正给全球经济增长带来前所未有的新考验。受汇率、利率、资源价格和行政垄断部门等重大改革滞后的拖累，中国经济能不能顺利应对这场新的挑战，保持经济的持续增长，还是个考验。

前年在深圳，我有幸听到张五常的如下见解：中国人在改革开放以来创立了“人类历史上最好的经济制度”。我自己得到的观察，不容许我像他那样的乐观和肯定。不过，30年来中国的经验的确证明，未来绝不是宿命的。我们有理由相信，中国只要坚持改革开放以来被实践证明做对了的事情，继续推进尚未完成的改革事项，未来的历史将有机会再次证明人们关于中国的乐观断言。

作者附记：科斯教授指定的题目，是The Unfolding of Deng's Drama，直译回来，就是“邓小平戏剧的展开”——在中文语境里是另外一回事了。于是改用便于理解的本文标题。考虑到报纸的发表习惯，原文注释全部删去，留在以后关于中国改革的学术论文里再仔细交代。本文草稿得到宋国青、汪丁丁、卢锋、薛兆丰、朱锡庆、梁红等人的阅读意见，对作者多次修订文稿帮助很大。英文稿在讨论会前夜才传到芝加哥大学，蒙97岁高龄的科斯教授亲自审阅，并通过他的助手多次传递老人家的评论意见。在2008年7月14日开始的芝加哥大学“中国改革30年研讨会”上，科斯的致辞、张五常的主题报告以及R.Fogel、H.Demsetz、R.Mundell和D.North的评论，以及王宁、Roy Bin Wong、史正富、许成钢、张维迎、李俊慧、黄亚生、周燕、何东、朱锡庆等提交的论文、发言和讨论，不但增加了作者理解中国改革的视野和深度，更直接推动了作者对本文的修订和补充。关于这次芝加哥学术盛会，作者和其他参与者应该还有文字报道与读者分享。这里谨对科斯及各位会议贡献者致以谢意，当然文中尚存的错失之处仍由作者本人负责。

公司理论与中国改革

从科斯说起：公司是市场海洋里的岛屿

计划经济的一个思想起源，是公司理论。马克思论述过，大公司内部有计划，而整个社会无计划，正是这个矛盾将把资本主义推向灭亡。那时的看法，是生产力越来越社会化，所以公司就会越来越大，直到覆盖整个经济，把大公司的内部计划变为全社会的计划。这样看，计划经济的理论，其实最早就是一个关于公司的理论。列宁讲得更清楚，无产阶级领导的社会主义，就是把全体社会成员都变成国家公司的雇员，整个经济就是一个超级的国家公司。

科斯回顾他的公司理论时，明确讲，他自己曾经受到列宁上述思想的影响，即国家也可以看做是一个大公司。当然，科斯提供了关于公司的经济学分析。他首先问：在“充分竞争”的市场里，既然可以用价格机制配置一切资源，为什么还存在内部似乎不靠价格机制运行的企业呢？科斯的答案，是市场的价格机制有成本。这个“成本”，不是原来人们都熟悉的生产成本，而是在生产成本以外、为了完成产品的交换而发生的交易费用。随着市场的扩大，交易费用要耗费很多资源。在一些场合下，把运用价格机制的“市场协调办法”，换成在内部不讲价钱、靠命令指挥的“企业协调办法”，可以显著节约交易费用。按照科斯的这个理论，公司无非是节约交易费用的一种组织。

非常有意思，科斯是从“完美市场”出发，发现了市场交易存在费用，然后走到了市场里的企业组织。不过，科斯可没有走到国家超级公司那么远，因为他的分析还顾及到另外一个成本，即“组织成本”——当公司把原本通过市场交易的活动集中到企业内部之后，公司组织的成本（包括决策、监督、管理的成本）就上升了。

完整地看，科斯的企业理论就是同时考虑两种成本：公司可以节约市场交易的费用，但又必须为此支付组织成本，当公司节约的交易费用与由此增加的组织成本在边际上相等的时候，公司与市场的边界就确定了。科斯用了他老师当年用过的一个形象的比喻，真实的市场经济好比大海，公司就是海洋中的那些大大小小的岛屿。在科斯看来，在交易费用与组织成本并存的真实世界里，海洋不可能覆盖一切，岛屿更不可能覆盖全部海洋。

改革起点：运转不灵的超级国家公司

社会主义国家的改革，与科斯的出发点刚好相反。科斯从当代经济学的“完美市场”假定出发，发现了企业或公司存在的理由。苏联和中国的体制改革，则是从实践上的计划经济，即一个超级国家公司的现实出发。这个超级国家公司，把所有经济资源掌握在自己手里，靠国家机器的政治权威、强制力和全盘计划来组织国民经济。虽然列宁掌权后有过一段“新经济政策”，就是国家仅仅控制经济命脉，而把大量小工业、小商业和小农业都交给私人和市场，可是那一段很短暂。斯大林推进了全盘国有化，把苏维埃经济组织成列宁在革命前设想的超级国家公司，内部靠行政命令组织计划经济，不给私人产权和自由市场活动留有合法地位。

轮到中国在更落后的一个农民国家里建设社会主义，大框架也是学苏联。不过毛主席对苏联的高度集权也不甚满意，几次试验分权，把中央的权力下放到地方。回头看，那也只是在中央政府与地方政府之间分权，就是一个超级国家公司外加许多地方政府公司。这当然还不能构成市场经济的基础，因为在“一大二公”这样的问题上，毛主席一步也不让。真有哪里的地方政府把经济决策权放到私人手里，他老人家一定叫停，如1962年批“三自一包”，叫停“包产到户”。所以整体看，改革前中国虽然有分权，但绝不接受私人产权，也没有私人之间的自愿订立市场契约的合法空间。整个经济架构还是一个超级国家公司，不过内部则是一个程度不如苏联那样“高水平”的计划经济。

这样看，社会主义改革的实际出发点，并不是交易费用太高，所以要靠扩大企业组织去节约市场交易费用。多少年来困扰社会主义经济建设的，是超级国家公司的组织成本太高，计划经济失灵，资源配置的效率太低。千百万人在和平时期要改善生活，涉及多少供求的变量及其协调？靠计划经济、超级公司集权决策去对付，信息成本太高，而人们工作劳动的激励不足。1977年中国改革的前夜，开过一个国务院务虚会，反思为什么中国与西方主要国家的经济、技术差距被拉大了，主要结论就是过度集权的计划经济越来越转不动。

改革发动：权力下放与农村包产到户

问题是，超级国家公司成立之后，一旦发现组织成本太高，究竟走哪条路才能把经济运转的成本降下来，确是一个前无古人的任务。科斯的理论发现，说的是市场里的交易费用太高，可以扩大企业组织来加以节约。但是社会主义改革面对的困难，完全自成一家：国家超级公司太大，组织成本太高，怎样才能有效降低呢？

方向似乎容易确定，那就是从覆盖全部国民经济的超级国家公司，转向给“市场的海洋”更大的空间、让看不见的价格机制之手在配置资源方面发挥更大的作用。这也许就是“市场化改革”战略的由来。但是，在铁板一块、一切归公的体制下，市场究竟如何重建，人类历史并没有现成的经验和理论。

科斯在1959年的一篇论文里提到，清楚的权利界定是市场交易的关键条件。这个命题包含了一个朴素的道理：如果一件东西不是我的，那我哪里有权就把它卖给你呢？所以，交易要以权利界定为前提。既然市场经济以交易为内容，那么市场的前提就是清楚的权利界定。

中国的改革，在实践上是从重新界定权利入手的。在《邓小平做对了什么》一文里，我回顾了这个过程。原来的公有制计划经济，其实是一套权利界定，即人们可以怎样行为、不可以怎样行为的一套制度规范。在改革形势的逼迫下，权利被重新界定，正因为重新界定了权利，特别是重新承认了私人产权和转让权，市场关系才重新在中国发展了起来。

1978年十一届三中全会部署的改革，是扩大国有企业的自主权。

那是基于四川的地方改革试验，把原来由国家经济机关控制的决策权，放到企业层面。这也是对外部冲击的一种反应，因为外资开始进入中国，它们可以快速作决定，但国企不行。什么都要批准，很大的国企连盖个厕所都要申报批准，所谓“打酱油的钱不能买醋”。当时福建的国营厂长说，不是我们没有竞争能力，而是我们的手脚都被捆着，国家要先给我们松绑。新华社记者调查重庆钢铁公司的故事很有名，那里有一套设备是洋务运动时代的，能耗极大，如果把动力改一改，两年的能耗节约就可以把投资收回。可是报告打了多少年，还是没有批。所以当时改革的口号是放权、松绑。

有意思的是，扩大企业自主权还没有在全局推开，农村的包产到户改革就提上了日程。前几天纪念农村改革30年的会上，当年主管广东农村工作的杜瑞芝讲了一句精彩的话：农村改革的第一动力是农民的肚皮！就是种地的人吃不饱饭，肚子饿得不行，逼着搞包产到户。也不是第一次，最早的包产到户是在温州永嘉县，1956年下半年高级社就开始搞的；1961年安徽省有40% 的生产队搞了包产到户。问题是以前每次形势一好转，临时政策就收回了。

中国路径：底层创新，政府承认

仔细观察1978年后的农村改革，同过去一样，是农民和生产队干部首先在底下改，自发地搞包产到户。不一样的地方在哪里呢？就是上层的政治思想路线有了根本变化，执政党痛定思痛，提出实事求是、反对本本主义、教条与僵化。在这条思想路线下，一些地方敢于率先承认底层的改革实践，至少不打棍子、允许试一试、看一看。一批地方看到了改革的效果，中央再用政策文件给予承认，最后立法承认，完成权利重新界定的合法化全过程。

这条“中国路径”非常有价值。因为权利的界定与重新界定，涉及到行为和预期，如果预期不稳定，人们就不会有长期行为。中国的办法是对底层改革先局部承认，然后不断重申“政策不变”“长期不变”，最后时机成熟，推进立法，把改革重新界定的权利真正在法律层面“定”下来。

杜（润生）老在他的回忆录里提到，邓小平早在1962年就说过，“生产关系究竟以什么形式为最好，要采取这样一种态度，就是哪种形式在哪个地方能够比较容易比较快地恢复和发展农业生产，就采取哪种形式；群众愿意采取哪种形式，就应该采取哪种形式，不合法的使它合法起来”。很幸运，这样一种为政的态度，到十一届三中全会上成为主导路线。这改变了中国的命运，因为在底层、在第一线，总会逼出一些解决实际问题的办法，问题是，它们能不能得到“上层建筑”的合法承认。得到了，重新界定权利就有了一个制度性的成果。得不到呢？底层经验还是个别经验，顶多是权宜之计，断然不能长久。

“上层建筑”不简单。思想和观念有很强的顽固性，何况各方的利益有矛盾，而各人看问题的角度也常常不同。1980年中央会议讨论农村改革，省委书记那样的高级干部也因为观点不同而闹到不欢而散。“你走你的阳关道，我走我的独木桥”，是吴象同志当时的一篇大作，反映的就是底层自发改革要得到上层的承认不容易。所以，实践检验真理是一个知易行难的过程。

重新界定权利可以激进，也可以渐进。中国改革的历程大体上是一步步来的。就是今天看，农村土地的所有权还是属于集体的，似乎与几十年前一模一样。只是所有权的内涵改变了，无非通过承包合约，把农地的使用权、经营权、收益权直至承包期内的转让权，一项一项都界定给了农户。农地的集体所有权还在，不过在这个所有权的“箱子”里，还剩下一个内容，就是定期把农地发包给农户，除此之外别无所为，“集体”也因此就成为一个消极的所有者。在生产和经济活动中，积极的是承包者即农户。

有朋友批评如此承包制不彻底，说还是维护了一个所有权意义上的集体，因此也就给基层权力人物侵犯农民利益留下一块制度的基础。这个批评有道理。可是如果当年不走包产到户这一步，中国农村根本就走不出来。先走了这一步，后面沿着进一步界定产权的路子，总还可以继续走下去。比如承包制还算集体资源的一种经营方式，但农户的承包所得，就可以是清清楚楚的合法私产。这说明，“不彻底的”承包制，也是通向深化改革的一座可行的桥梁。这个改革的逻辑，不但在农业承包中是成立的，也是农村非农业活动，直到小城镇、大城市的国有工商业承包改革中，也都是普遍成立的。这是后话，按下不表。

承包制是权利重新界定的一种中国形式，也是超级国家公司从高组织成本的困境里走出来的一条现实通道。从公有制的承包经营，到包括保护合法私人财产权的在内的多种产权制度的形成，终于奠定了中国走市场经济之路的基础。

“剥削”疑云：承认雇工的合法性

产权不是拿来说的，而是要拿来用的，特别是用来保障与他人的合作，通过交换形成专业化分工。这里头有一个事情比较麻烦，就是雇工。随着农业大锅饭的终结，农村出现了大量“剩余劳动力”，农业里面用不了，要进入商业和工业，于是出现了雇用工人的现象。这涉及到传统社会主义的敏感话题。原本搞超级国家公司，目的之一就是要消除资本主义剥削，当时的政策，私人雇工超过7个工人就是资本家，就是剥削阶级。

这是继包产到户之后，改革碰到的第二件大事。这个事处理得比较成功，基本办法就是先看，不贸然做决定，更不准一棍子把这个打下去。

当时抓住的案例有几个。一个是广东高要县的陈志雄，承包养鱼，有三百多亩水面，靠家庭劳力和几个帮手就不够了，雇工超过7个人。这是不是就是资本主义呢？很多人开始讨论，后来胡耀邦亲自过问，要求把情况弄清楚，不同意见可以辩论，但不要打棍子，还决定在《人民日报》上公开讨论。这样的问题原来是不能讨论的，真放开来讨论，发现也没有想象得那么可怕。

第二个是安徽芜湖的年广久，有名的“傻子瓜子”，雇工六十多人，工资水平比当时当地国有企业的工人工资水平高，只是没有那些福利，而被他雇去的人原来也并没有端上国企“铁饭碗”。当时的调查，最重要的发现是，由于年广久炒瓜子成功，很多人就跟着炒瓜子，互相竞争，你炒瓜子要雇人，他也要雇人，雇主之间增加了竞争，对工人就有好处。杜老亲自组织了调查，把情况摸得非常仔细：到底雇了多少人，发了多少薪水，给国家交没交税，老板总共得多少利润，都查清楚，然后把不同意见的论据也搞清楚，整理了一个材料报给邓小平。记得传回来的邓小平指示，就是五个字——“先不要动他”。这个“动”字大有讲究，过去批资本主义，不但用批判的武器，而且常常是“武器的批判”，就是用专政手段来对付。这次小平说不要动，就是不准沿用旧法。在“不要动”的前面有个“先”字，我们的理解是为了让党内不同意见有个缓冲余地，至少可以看一看、试一试，最后下结论也不迟。

看来看去，社会主义承认私营企业并没有什么真实的危险。这是中国经济发展非常重要的一步。其实邓小平重新执政不久，就重新起用荣毅仁，办法是国家出资办中信公司，但把管理全权交给荣毅仁。实际上是国有资本加上企业家的能力——这是过去不可能想象的事情。另外，包产到户后民间自发生成了很多新的企业组织形式，邓小平一直说看一看，不要动，这么一个政策取向大概维持了二到三年。1986年的中央5号文件开始宣布，可以把私人企业放到社会主义的框架里来处理。中国的工商登记开始有了“私人企业”这一类别。开始很多人不敢公开去登记，觉得还是戴个红帽子比较安全。只有温州是个例外，据说那个登记条例一出来，温州当天就有百十家民营企业去登记，有的拿证的时候流下了眼泪，觉得终于有一个合法地位了。这是中国改革的第二次飞跃，不但承认劳动者基于自己劳动能力的财产权，还可以在法律和政策的框架内，通过市场合约包括雇工合约来组织经济、发展生产。

惊险的价格闯关

邓小平的改革政策最了不起的地方，是在多种形式的经济组织发展起来以后，及时发动价格改革。逻辑是这样的：当一个超级的国家公司分解成许许多多分立的公司，加上新形成的民营公司，整个经济就不能再靠计划和命令来指挥，要充分发挥市场价格机制的协调功能。从1988年春天开始，邓小平开始推进价格改革。中国把价格改革叫作“价格闯关”，是很有道理的，因为这是经济体制改革的核心和关键。原来苏联东欧国家比如波兰，改到价格体系就出了大问题。这是一个大的关口，没有坚定的政治支持过不了这个关。

邓小平坚决推进价格改革。这一点难能可贵。通常讲，经济学家理解和相信价格机制，总的说来比较容易。但对于政治家，要相信价格机制一般就比较难。因为所谓“看不见的手”会把看得见的计划之手，在不经意之间就替代了。价格机制发挥作用的地方，审批之手、权力之手就没有什么用。邓小平当过中央总书记，指挥过千军万马，应该是世界上最强有力的看得见之手。像邓小平这样的大政治家以及他的同事们，对价格改革不遗余力地支持和推进，是改革最不容易的地方。没有强有力的政治支持，价格改革很难成功。可是，要政治家支持价格改革，又谈何容易？

当然，1988年那一波价格闯关的发动，并没有成功。那年中央政治局关于价格和工资改革的决定一发布，全国就发生了抢购和挤兑。主要的教训是在货币太多的情况下，放开价格就把隐形的通胀变成显性的通胀，群众无法接受。不过，邓小平并没有因此就把价格改革当做不能再碰的禁区。他耐心地等了几年，直到把超发的货币收拢得差不多的时候，到1992年他又推动价格改革。中国价格改革的大步推进，是在1993年完成的，连最厉害的粮食价格都放开了。这为中国社会主义市场经济的确立，奠定了一个基础。

概略一点看，邓小平领导的中国改革，通过重新界定权利、激活市场合约、确立市场价格为基础的协调机制，就是这么三个要点，把传统社会主义的超级国家公司模式，从根本上改变了。这个改革过程，社会没有发生大的震荡，经济活动和生产不但是连续的，而且在连续中保持了高增长。中国正是通过改革开放，成为一个有全球影响力的发展中大国。

靠法治约束权力

回头谈科斯的公司理论。他的出发点是离开当代主流经济学的那个“完美的市场（perfect market）”，科斯不相信有完美市场这回事，因为他发现了交易费用，而形形色色的企业组织与合约形式，正是为节约交易费用才活跃在真实的经济世界里。科斯理解的公司，就是通过内部下命令、搞计划和战略、有老板和经理、靠看得见之手指挥，从而节省了市场的交易费用。但是，科斯也不相信公司越大越好，因为他还发现了大公司不能不面对的“组织成本”。至于超级国家公司，即把整个国民经济组织成一个统统不用市场价格机制、只靠命令指挥的中央计划经济，那固然能把所有交易费用都省掉，但这种“节约”活动的本身也要付出代价，因为超级国家公司的组织成本会史无前例地高。这样来看科斯的理论，就是坚持从成本的约束出发，分析真实世界里的市场、企业和政府。“成本”是一种现实约束条件，非下功夫调查不可。离开成本约束，“理想的模式”从完美市场到超级国家公司，都只不过是想象而已。

中国改革的出发点，不是完美市场，而是超级国家公司或者说完美的计划经济。因为搞了多少年，固然没有市场经济里的那些麻烦，但面对的是计划体系内部的麻烦——信息成本高、激励程度低。所以，改革的基调是从国家超级公司即计划经济出发，走向更多利用市场价格机制。那么，改革是不是要走向“完美的市场”呢？谢天谢地，因为有了科斯的工作，人们知道天底下根本没有那回事。现实的体制出路只能在两个极端的中间，既不是超级国家公司，也不是所谓的完美市场。

改革的难度在哪里呢？就是离开了完美市场和超级国家公司这两极，中间还有一个伸缩余地很大的体制选择空间。中国从超级国家公司走出来，靠的是重新界定权利。问题是，权利的重新界定是一个过程，其中有一个关键，邓小平提出来了，但并没有解决，这就是国家行政权力的界定和约束。因为过去的超级国家公司是政企合一、政经合一，改革下放权力，把行政权和经济权一起放下去了，新问题是，下放的权力靠什么去约束？离开有效的约束，行政权力进入了市场，腐败就不是个别官员的道德问题，而是制度性的问题了。行政权力广泛地搅进了市场交易，怎么解决？

邓小平做过很多探索。1980年就讲党和国家领导体制的改革，1986年他重提这个话题，讲得非常清楚：一是说如果不搞政治体制改革，经济体制改革的成果是守不住的；第二条，如果不搞政治体制的改革，经济体制改革是不能继续下去的。就是说，在经济改革发动以后，一定要适时发动政治体制改革。改革的要点是把超级国家公司的那部分行政权力，重新约束起来。1987年中共十三大通过了政治体制的改革纲领，但是1988年价格闯关失败，接着1989年发生的风波，就没有实施政改纲领的机会。1992年邓小平南方讲话再推改革，主要推的还是经济改革、市场化和加快发展。所以政治体制改革，是邓小平的未竟之愿。

超级国家公司不纯粹是一个企业，它同时还是一个权力（power）系统，不仅仅是“产权（property right）”关系那样简单。“权力”的含义是合法强制力，不受竞争的市场的约束。所以权力的重新界定，比产权的重新界定要困难得多。我的看法，超级国家公司通过分权之路走向市场的途中，是不适合用一个合约的理论框架来处理的。一些经济学家习惯用市场性合约理论来处理，用什么委托代理模型、地方政府竞争等等，我认为他们可能看漏了一项关键的约束，就是合法强制力不受合约的约束。现实中的中央政府部门或地方政府，虽然看来很像公司行为，但是里面有一个因素，即权力因素、合法强制力的因素，并不是市场合约可以对付的。譬如收入分配不公，公众的意见很大。但收入问题不单单就是差别问题，更根本的是凭什么造成的收入差别？姚明的收入高，是一回事，但是武汉火车站那个腐败站长的收入高，是另外一回事。利用倒票获取的不法收入，来自权力即合法强制力，并不是市场竞争力量可以节制的。

“分配不公”就是凭借合法强制力赚钱。要明确，这个问题不是单靠经济改革可以解决的，更不能把这些活动“化装”成市场竞争。我们要肯定，中国的改革从超级国家公司那么一个极端走出来，取得了巨大的成功，有了农民承包，有了民营企业，有了国企的改革，也有了一个按照价格机制配置资源的市场经济的基础，这些改革极大地解放了生产力。但是，我们也要看到，改革并没有完成。最大的挑战是，政企合一的超级国家公司在放权以后，产权可以通过市场竞争去约束，但放出来的行政权力却要靠法治才可能加以有效约束。这是更困难的改革。

土地、垄断国企与价格改革是难点

有一种看法，认为中国的改革在策略上是渐进的，或一些学者概括的“增量改革”，以区别于俄罗斯的“大爆炸”。也许有点道理吧。不过渐进改革要坚持“进”并不容易。突出的就是上文讲到的行政权力分权后进入市场，一旦获得巨大的经济利益就不容易再改了。这里的困难，不再是认识上的，或纯粹意识形态上的，而是非常坚硬的、实在的既得利益。目前的观察，凡是难度大的改革，都与此有关。

比如土地产权制度的改革，最早发生，但到今天还有一些要害问题没有解决。农地农用的体制基本顺了，就是承包到户、长期不变、落实转让权，可以基本适应生产力的要求。但是，农地一旦转为非农业用途，还是那个国家征地制度普照天下。为什么农民的土地一旦转为非农业用途，就一定要国家强制征购，然后要由政府把土地批租给市场呢？这是明显的行政权力进入市场的例证。现在大量的社会冲突都发生在这个领域。为什么农村的集体建设用地就不能直接进入土地市场呢？讨论了多少年，局部试验的经验也不少了，还有更多地下、半地下的做法，为什么就是迟迟不能完成全国范围的合法化？我认为找不到别的理由，就是权力介入市场的收益太高，既得利益方不肯自动放弃。

像大都市周边的农民“小产权”房，是全世界都没有见过的：房子是私人财产，但底下的那块宅基地却不是私人财产。几亿农民进城，城市用地当然要增加，但乡下作为福利分得的宅基地，农民却无权转让和交易，那份土地资源的配置，因此也就不受市价的指引。结果中国快速的城市化不但没有更集约地利用土地，反而造成土地更不集约的利用。一方面城市地价高悬，一方面农村有大量未加利用的建设用地。如此的“土地危机”，是改革没有适时推进的必然结果。最近国家开始推进林地产权的重新界定，是一个重要的改革。类似的水权、矿权等的重新界定，尚有大量文章可做。

再比如，民营企业有很大发展，近年还通过了“非公经济三十六条”，但大型垄断国企还是偏多偏大。毕竟改革30年了，现在凡是搞赔钱的，一定会改。问题是剩下的“高盈利”部分，在市场禁入或限入条件下赚取的高额利润，对国民经济整体而言究竟是什么含义？当下没人讨论这样的问题，反正有天文数字的盈利，高歌猛进，似乎只有继续做大做强这么一件事情。

价格改革究竟完成了没有？大部分价格由市场决定是事实，但一些关键的价格还是行政定价。汇率、利率、能源如油煤电，近年凡严重困扰国民经济的，看来看去都与价格机制未能发挥作用有关。

经验证明，价格管制不但影响资源数量的配置，还要影响商品服务的品质。没有进一步的价格改革，很多乱象难以根除。

总之，中国改革成就伟大、任务艰巨，只有认真总结自己的经验，才能更好地前进。现实的现象和问题纷繁复杂，本文借用公司理论的简单框架，认识过去，面对未来。

远近高低各不同

解释中国经济成长之一[1]

怎样看经济？各人有各人的办法。我自己的体会，看经济有如看山水。不用说两者有所不同——看经济要费脑筋，看山水要凭感情。但是，这并不妨碍我们借用看山水的办法来看经济。以大文豪苏东坡的咏山名句为例，“横看成岭侧成峰，远近高低各不同”，说的就是同一处山景，横看侧看不同，远看近看相异。这里的一个重要法门，就是变换角度看事物。看山水如此，看经济也如此。

经济也要远看近看，换来换去地看。远看，就是在大局中看大势、看整体。近看，就是看细节，特别是关键的细节。今天的中国经济应该是不那么容易看的经济，因为远看近看高低截然不同。对同一个中国经济，判断和看法彼此相左，实在是非常正常。

中国经济首先要远看。为什么？因为开放，因为“大进（口）大出（口）”。今天，不先把中国置于全球经济的宏大背景里，既看不清中国，也看不清世界。这么一远看，可以理解为什么无人可以

1 “解释中国经济成长”系列文章，写于2004年底。

忽略中国经济在世界经济舞台上的地位。当然，从 GDP 总量着眼，中国仅仅占世界的4％，与其人口规模和比例远不相称。但是这里有一个汇率误差的因素，调整之后，中国 GDP 占全球总量的比重应该可以有所提高。另外，即使以占全球4％的 GDP 而言，中国经济也已是当今世界第六大经济体，美、日、德、法、英之后就是中国。当年毛主席有“超英赶美”的宏愿，以当时的经济条件而论，豪情脱离了实际。但是今天看来，仅就 GDP 总量论长短，“赶美”还谈不上，“超英”却是现实的。

从增量的角度看问题，中国更加不得了。这是宋国青教授两年前的一项重要发现。国青是宏观经济——远看经济的学问——方面的高手，他得出的结论掷地有声：中国已是世界级的“增量大国”。别的分析大家可以看宋教授的作品，我只记住一条，过去三年，全球 GDP 增量的三分之一是由中国经济创造的！

各位朋友，一个经济占世界的总量比例小，增量比例大，这个经济将来会怎么样？问到这类问题，可以体会到看经济与看山水的不同。看山水一般不需要预言变化趋势，感觉怎么样就怎么样。这并不是说自然山水不会演化，比如“沧海桑田”就是很大的变化。但地质的变化差不多以亿年为单位计，怎样推测是很深湛的学问。人生苦短，一般人不会问津。经济呢？是人的活动，变化很大。尤其是现代工商业经济，变化更快。更加重要的是，经济的未来变化影响人们的利益，人们总要面对未来做今天的决策。因此之故，经济在未来将如何变化的问题，永远有很多人关心。是的，这是不能不引起广泛兴趣的话题：一个总量小、增量大的经济，将来究竟会怎么样？

比较肯定的答复是，如果保持增长势头，一个总量小、增量大的经济，必定在总量上变得很大。这个答复在逻辑上不可能错，但是有一个枝节，就是用了经济学家做经济推测时常用的一招：假定。是的，经济推测离不开假定，而假定的学问很大。在某种意义上，经济推测比赛的就是“假定”的本事：究竟谁假定的条件真的发生了？

问题是对于“用户”而言，大家看重的是结果。美国纳斯达克市场2000点的时候，艾比·科恩预言将上5000点。该预言后来成真，艾比就成为了她所供职的国际大投行的合伙人。大预言做对一次就足以傲人。至于用的是什么假定，除了有心钻研经济预测的人以外，没有谁会在意。这就是说，从用户的角度，推测也罢，算命也罢，都要以对错论英雄。

回来远看中国，我们这个总量尚不大，但增量绝不小的经济，将来在世界上究竟会怎么样？据说，美国一家媒体遍问尚在世的美国诺贝尔经济学奖得主，题目就是：“75年后谁是全球最大的经济？”根据报道，只有一两位肯定地说是美国；一位说如果俄罗斯进入欧盟，就是欧盟；俄罗斯不进欧盟，还是美国。除此之外，八九位诺奖得主，一致说是中国。其中90多岁的科斯（Ronald Coase）说得最坚决：毫无疑问是中国。

这些诺奖得主垂垂老矣，预言的又是2079年的事情，到时候谁记着验证这些伟大的预言？比较而言，验证林毅夫教授预言的难度就小得多了。早些时候，林教授在一个国际性研讨会上推断，2030年中国经济总量就可以超过美国。一时间舆论哗然，网上更是吵得热闹。但是毅夫的预言怎么可能是儿戏：2030年为时不算太远，他本人和许多现在听他预言的人届时一定健在。学者把自己的名字写上去的预言，外人不应该看轻的吧？

以上讲的都是总量。人均收入怎么样？无论是美国的经济学家还是中国的经济学家，无论对中国的未来多么乐观，讲到人均，好像没有谁有脾气。毕竟十几亿人口作分母，不能不令大家肃然起敬。但有一个例外——张五常。大教授白纸黑字写得分明：要是中国坚持开放，尤其是实行金融开放，18年后中国的人均GDP可以向美国叫板。这是我所知道的最乐观的推测，不容易相信。但是教授说他的根据就是，日本在人均GDP方面奋力追美国，实际上也就是20年。他认为中国现在的势头比当年日本好，因此可以减去两年，18年就够了。

行文至此，要加一个插曲。上面讲远远看去，很难不看好中国经济。网上有报道称，我说了中国经济要超英赶美。真是天大的乱来，这哪里是我讲得出的话？上文写的明白，是我在转述伟人、前辈、同事和朋友的看法。远看中国，我对这些判断没有异议。但我有言在先，中国经济是“远近高低各不同”。仅仅远看、看好，不能算错，但是不够。经济不但要远看，而且要近看。在远看近看之间，还需要加一个内容，那就是怎样解释可见的中国经济增长。究竟我本人怎样看，且听下文分解。

用三个变量看经济

解释中国经济成长之二

无论怎样看，中国经济在全球舞台上有了一席之地。要推断未来，我们先要理解这来之不易的局面究竟缘何而起。为此，需要抛开无关紧要的枝节，简化复杂的世界，集中于某些关键变量，通过分析限制条件的重大变化推断未来。这些事情做起来见仁见智，看法不一致是难免的。让我们互相交流交流吧。

“廉价劳动力说”不完全

为什么中国经济突然在全球竞争中大有看头？比较流行的解释说，是因为中国拥有大量廉价劳力资源。是的，“廉价劳力”（cheap labor）是非常明显的中国特色。2003年我国人均收入 1 000 美元，差不多只等于发达国家人均收入的1/20或1/30。这是按人口讲。从劳力看，我国最低人工成本应该只及发达国家的1/15。就专业程度高的岗位而言，中国人工成本与发达国家的差距在缩小。但是一个月薪 4000元人民币的中国工程师，与美国同行的薪水相比，十倍之差还是有的。

“廉价劳力”是非常重要的竞争优势。难以想象，一家人力成本贵出十倍以上的商号，怎样与坐拥廉价劳动力优势的对手争锋！回想一下，在开放的早期，人们主要担心“人往高处走”——发达国家的高薪把中国人才都吸引走了。但是出乎意料，很快就出现了“水往低处流”——大量外资流入中国。为什么是“低处”？首先是人工之价奇低。2004年美国大选出现一个热门词汇，“工作外流”（outsourcing），说的就是年薪5万美元以上的工作岗位一年就减少几十万个。因为工作外流到中国、印度去了，那里的“廉价劳力”应有尽有。

更广泛地观察，中国不但劳力廉价，而且其他要素的成本，较之于发达经济也便宜。一般地说，要素成本低的经济，其产品就有竞争力，其国土就对外资有吸引力。所以，廉价要素就成了一个广泛可用的解释变量，用以说明为什么大批外资流入中国（开放以来总共约5000亿美元），为什么到处可见“中国制造”，以及为什么中国积累起巨额贸易顺差。

问题是，用廉价劳力或廉价要素来解释中国经济的国际竞争力，无可避免地会遇到许多反例。从国际范围看，比中国劳动力还要便宜的地方还有不少，为什么那里的经济一点儿苗头都没有？从国内看，外资首先流入的是沿海发达地区，而不是落后地区——尽管那里的要素成本更为低廉。从历史看，早期中国劳动力比今天更要便宜很多，可在那时，中国经济哪里有什么世界影响力？

用三个变量看经济

可见，单选一个要素成本，不足以很好地解释中国经济的国际竞争力。我们知道，解释世界固然以简为优。要是真的用一个变量就可以妥当地解释经济，我们大可心安理得，无须旁顾。问题是反例累累，用什么办法补救？

我的选择是在要素成本之外，再加两个变量：一个是“制度（组织）成本”，另一个是“要素质量”。不需要更多，但如果三缺一，就不能很好地解释经济增长。道理是，生产要素须经过经济组织或经济制度才能变成产品，参加市场竞争。如果要素很便宜，但生产的组织成本或制度成本非常昂贵，那么经济还是没有竞争力。另外一种情况，要素价格低，组织和制度成本也不高，但如果要素的质量乏善可陈，经济也不会有竞争力。

这样来看所谓的经济增长，就是从要素价格低、要素素质差、经济组织和制度成本高昂，转为要素成本上升、要素质量提高，同时大幅降低经济制度和组织的成本。这就是说，要素的价、质和组织效率，一起决定经济增长。我就用这样三个变量看经济，看经济增长。

小试牛刀

上述经济观没有一点刻意标新立异的地方。经济学的传统一般是重视生产要素的比例。以鼎鼎大名的李嘉图比较优势定律为例，不同要素的比例——比如劳动力密集或是资本密集——被看作各国比较优势的源泉。这个传统大有道理。不过运用的时候，要假定在竞争中互相比较的经济彼此开放，产品和要素的贸易和流动没有障碍。但是经济之间究竟开放与否，是一个制度性的限制条件，不能先验地假定。要是经济制度不开放，产品和要素交易的壁垒很高，各国比较出来的“优势”就被歪曲了，不可能在推动经济增长方面有如神功。因此，“制度成本”（institutional cost）——这个概念是阿罗和张五常对科斯的交易费用概念的扩展——在观察经济中比要素比例更为重要和根本。

包含制度变量的经济观合用不合用呢？我们不妨试一试牛刀。先看改革开放之初的中国经济。那个时候，中国的要素成本很低，工人工资加福利，差不多只及发达国家工人的1%。可是，那个时候把非常廉价的劳力组织起来的经济制度成本却高得离谱。多少原本可以发展经济的组织方式和交易方式，为当时的体制所不容。这差不多是制度成本无穷大的情形了。

多少事情——比如外资、合资、个体、民营的市场准入——不但不能干，而且不能想。久而久之，人们能干的和想干的事情，就那么少。要素的素质——首先是人的技能和工作热情——看起来就那么低。原子弹可以搞出来，是伟大的成就。可是大量普通工业品不但是“古董复制”，而且质量乏善可陈。

从那时以来的中国经济增长，逻辑是清楚的：改革开放大幅度降低了制度运行的成本，激发了人们劳动和工作的热情，鼓励了人力资本投资，提升了要素质量。体制变革与要素质量的提升，要假以时日才被人看到。大体而言，20世纪90年代中期之后，中国的国际竞争力才不得不令人刮目相看。诚然，经济增长也提高了人工之价、土地之价和能源之价。所幸相比于制度成本的降和要素素质的升，要素成本的提升没有那样快。结果就是中国经济的综合竞争力大幅度上来了。

也正是用同一个经济观，我们可以看到中国经济今天面临的种种挑战。对经济的远看要转为近看了，也因此奠定了一个推测未来的基础。这是下文的话题，有心的读者先想想吧。

成本急升的挑战

解释中国经济成长之三

上文我们的题目是用三个变量——要素成本、制度成本和要素质量——看经济。是的，要素之价低廉、制度成本大幅下降以及要素素质显著提升，可以解释中国经济为什么20世纪90年代以来很快在全球舞台上有了一席之地。但是，仍然用这三个变量看中国经济的现在和将来，却不让我们轻言乐观。最重要的是国际竞争环境大变，中国的成本优势重新面临挑战。

追兵四起的时代

本来，成就的另外一面就是麻烦。竞争的世界向来以结果论英雄。中国经济在全球舞台上有了看头，没有谁会真正无动于衷。人们要琢磨你的经验，研究你的方略，暗中评头论足——为的就是追而赶之。说中国经济诱发10亿追兵，应该不是夸张之词。

环顾一下周边世界吧。俄罗斯的经济潜力岂容小视？这个国家幅员辽阔，资源条件好，人口的平均素质高。俄罗斯文化有很强的凝聚力，政治制度和经济制度那样大起大落，人民对自己文化的骄傲感还在。这是我1996年访问前苏联远东地区一个城市的印象。从转型的角度观察，俄罗斯关门改革的勇气和决心可歌可泣，但开放政策似乎一直不如中国。不知道俄罗斯会不会墨守其自己转型的成规——这要求教于研究俄罗斯问题的专家。我自己每次看俄罗斯高官访问浦东和深圳，总猜想他们不至于对中国“以开放促改革”的经验完全熟视无睹吧？倘若俄罗斯要扩大开放——然后再促进内部改革，我们应该怎样估量其竞争潜力呢？

印度又怎么样？这个曾经因管制和贿赂制度化而以“印度综合症”得名的国度，近年取得的经济增长成绩，令世人不能不刮目相看：印度开始直追中国的经济增长率。四年前，我曾为文介绍1991年“拉奥革新”以来的“另一条印度道路”，以在印度本土出现的一批世界级优秀公司举证，断言“腐败病入膏肓如印度综合症，也是有药可救的”（《见真实世界的经济学》）。今天再看印度，落后于中国的地方依然举目皆是，但某些领域领先于中国——例如软件出口——却是不争的事实。最近看到一条报道，世界银行说印度的平均清关时间从10天降为7天多，比中国的平均水平为优。这是我自己格外看重的比较制度费用的一项记录了。正如中国自己的经验表明过的，制度成本大幅度降低，可以收到激发综合竞争力之效。印度的平均劳动成本比中国低，而其专业人才的质量又绝不在中国之下。这可以解释，为什么那么多中国人和中国机构，对“印度巨象”的兴趣与日俱增。

再看东南亚，印度尼西亚、马来西亚和新加坡都有非常不俗的经济表现。一位去过越南的朋友说他们对中国改革开放的经验看得很仔细，有些在中国行之有效的经济政策在那里差不多照单全收。你宣布“15年不变”的事情，人家可以宣布“50年不变”！三周前到英国参加一个会议，在伦敦的商场里看到“越南制造”的产品，人家才几年哪？再转向东北亚，朝鲜也开始开放。是的，在全球经济大比拼的时代，永远追兵四起。

成本走势向上

严重的挑战，是中国的要素成本走势全面向上。前几年通货紧缩严重，看经济的一个热门话题是“拐点”是否出现？现在旧话无人再提，但是拐过来的中国经济立刻表现出“要素价格急升”的新特征。

上周到温州柳市，正泰集团南存辉先生介绍说，2004年公司的销售额增长三成，但利润没有寸进。请教原因，他说“成本涨得太凶”。我请他排序，回应是：原材料第一，能源第二。我问人工成本涨了没有，南总说温州还好，但听说珠江三角洲工人难求。是的，凡价皆升，是当下中国经济的一个特点。

主要是四项：原材料、能源、土地和人工。前三项似乎容易明白，但是人工是怎样一回事？不是“劳动力无限供给”吗，怎么突然就来了“民工荒”？这就是经济研究的乐趣所在：以为毫无破绽的推理，常常要面对“反常现象”的挑战。深圳劳动局长曾带领几十家公司的人力资源主管到四川大凉山招工，名额5万，但只招到1.8万人。我2004年6月份听到这个故事，随即在珠江三角洲随机选取几家规模不等的工厂查证。结果是每一家都为人工问题而苦恼：不提高工价，好工人要走，新工人招不来；提升工价呢，担心市场无法消化。2004年9月份再问，大小公司都认为非提工价不可，否则没有人工可完成订单。很清楚，不是什么“民工荒”，而是非提升工价不可。长江三角洲宁波等地，夏季电力奇缺，“停四开三”，但还是劳工不够。新疆摘棉花每年招短工十几万，2004年也报招不齐。北京街头，招工的小广告比比皆是。这些现象连同缺电、缺煤、缺土地等，共同的含义是：要素之价实质已经大升。

不要以为随便编一个理由——例如“过热”或“局部过热”——就能够对付要素之价急升的结果。许多所谓的原因，不过是要素成本上升的同义词，说来说去是一件事。重要的是，成本急升的成因很多，就算我们有本事一一查明，也不一定意味着成本急升的现象一定可以挥之即去。中国经济要直面的，是在新的国际竞争环境里成本走势全面向上的结果。

高处不胜寒

无论怎样看，今天中国要素升价也来得不是时候。我们面对的是追兵四起的新格局。对手的竞争力，不是要素之价比中国的还要低，就是要素质地上乘、生产率略胜一筹。受全球经济开放的刺激，差不多20亿劳动力你追我赶，好不热闹。节骨眼上，中国经济要素凡价皆升，究竟有什么后果？

发达经济应该是前车之鉴。还是用我们的三个变量看问题。第一，发达的含义就是收入高、要素价格高。第二，作为成熟的市场经济，虽然制度成本低，但改善的边际也非常有限，不存在大幅降低制度成本的空间。第三，发达经济的最主要优势是要素素质高、技术创新能力强。不过，技术创新讲的是“长波”——不是每日每时都有的。而信息成本的降低也增加了维护技术领先地位的困难。结果很清楚，一旦“落后经济”能够生产原本只有发达经济才能制造的产品，发达的“诅咒”也就开始了。

国内又何尝不是这样？上海、深圳、北京、广州这些先富裕起来的地方，难道没有感到高处的寒意？地贵、房贵、人工之价也贵，这些固然是经济增长的结果，也可能逼迫生产率更快地提升，但是高昂的商务成本“为渊驱鱼、为丛驱雀”的效果总是可以观察的。谁也没有料到，现代产业竟像古老的游牧业一样，可以搬来搬去的。机会在一个地方的集中和消散，动力机制竟然是一样的。面对将来，中国要应对要素之价急升的挑战。

制度费用是大事

解释中国经济成长之四

要素价格急速上升，中国经济将如何应对？作者的看法是，关键要看其他经济变量——主要是制度与要素质量——能否提供足够的“对冲”。如果中国经济的制度成本能继续大幅降低，或要素之质量能继续大幅提升——且两项合并的效果可以抵消要素成本急升——那么中国经济的竞争力依然。反之，一定是麻烦的开始。前面讲过的，国际环境的特征是追兵四起。倘若中国的“对冲”效果不如对手，麻烦也要来。

“看不见”的制度

先要交代一下，“制度”不容易观察。熙熙攘攘的市场、井井有条的公司、不时大爆新闻的经济活动，都容易观察。可是，从哪里可以看见“制度”呢？是政府颁布的典章，还是机构挂在墙上的规章？虽然书本的定义说，制度无非是人们行为的一套规范或准则，但我们就是不容易直接看见这些抽象之物。

所以，虽然历来重视“制度”的大有人在，但是用“不易看见的制度”明明白白解释世事，却乏善可陈。于今回顾，20世纪30年代，年轻的科斯作为一名在读的大三学生，想到用“交易费用”（transaction cost）来解释市场和市场里的企业，实在是石破天惊。其实，市场是一套制度，企业也是一套制度，恰恰从成本、代价和费用（cost）的角度，才最容易看见这些抽象的制度。市场中的人不难明白，除了直接的生产成本之外，经济活动还有许多其他费用——寻找交易对手，对商品和服务的质、量定价，履行契约，解决纠纷等等。商人们用不同的会计科目处理这些费用，但科斯——以及走科斯路线的经济学家——却提醒我们从这类人人可见的费用中，发现市场和企业存在的理由。

要是交易没有发生，还有交易费用吗？回答这个问题要当心了。比如你我对热情洋溢的上门推销者心生狐疑，决定拒之门外。交易未成，交易费用也就没有了吗？对方种种的推销努力，你我放弃的购物机会，不是为交易而发生的耗费又是什么？这显然是“买卖不成费用在”的情形了。就是说，虽然是观察制度的上佳角度，但交易费用究竟为何，却要仔细调查才可能知道。在逻辑上，制度总为节省交易费用而存在，也为节约交易费用而变化。有了科斯的提点，付出调查交易费用的努力，我们观察制度如有神助。

改革越来越困难

本来，降低制度成本、推进经济增长是中国以往经验的基调——“改革开放促经济增长”是也。问题是，改革开放已经20多年，继续降低制度成本的空间在边际上究竟还有多大？让我们从制度费用的角度，举证一些核心经济部门的改革吧。

先看国有商业银行。中国人的储蓄意愿高，让世界羡慕。可是问到积蓄起来的资源利用得如何，该如何回答呢？高通货膨胀的年代，真实负利率吞食人民财产，不说也罢。好不容易煞住了通货膨胀，但银行不良资产的发生机制，至今根除了没有？其他不论，单说1999年按账面值剥出14000亿元不良资产，尚未处理完，据说又发生了 20000亿元。横竖发生了坏账都有人兜底，吃完“最后晚餐”还有宵夜，然后顺理成章等早茶。全部代价都算上，国有商业银行应该昂贵无比！

转谈股市。中国办股市的缘起是企业直接融资比例太低，而普遍的企业高负债现象，是国民经济大起大落的微观基础。解决之道，就是扩大企业的直接融资，而股市应该是股权融资的必要制度安排。可惜十几年过去了，我国企业的间接融资比例更高了！说“股市边缘化”，我的解释是，国有商业银行够贵，股市更贵；因为股市太贵，光顾的客人当然就少了。

还有地价。最近地产界热闹，为房价、地价的联系机制吵得凶。我的答案要以后发表。这里重提两年前一篇旧作的观点——私人卖地与政府卖地的行为不同：前者可对地价上升做增加供应的反应，从而平抑地价；但是政府垄断卖地，就很难做到。现行土地农转非陷入一种制度性两难境地：听任各级政府征地吧，等于发放剥夺农民权益的许可证；叫停或严格审批吧，供地脱离城市化工业化需要，寻租猖獗之后，还是挡不住地价看涨。

国企改革，说易极易，说难极难。大体上，亏损累累的怎么改也没人责难。盈利的，改制难度就不免与赚钱多少成正比。吵来吵去，我们还是要面对，那些在竞争的市场里成功的国企要不要界定资产形成的历史贡献？改制叫停，形形色色的“国有资产流失”是不是也可以一并叫停？

最后，在“行业整合”“制止恶性竞争”等名目下，行政垄断行业扩大市场竞争的改革似乎扭头重来。以拥有3亿用户的移动通讯市场为例，一些舆论的意思是，似乎两块牌照还是太多。为什么不从国民经济整体打主意——增加行政垄断利润，就是增加全体用户的成本，就是减弱中国经济的竞争力。难道真的不知道，要素之价急升的形势下，放缓行政垄断行业的改革，无疑是雪上加霜？

四点原因

核心经济部门的改革，对于降低国民经济的制度费用，至关紧要。可是为什么改革越深入，难度好像越大？作者日后还要对此再作探讨。这里写下最近思考的结果，一共是四点可能的理由，与读者交流：(1)渐进改革策略先易后难，容易改的差不多改完了，留下来的都是难的；(2)深层次改革要触犯的既得利益巨大；(3)现在政府要处理的社会矛盾很多，难以集中力量推进改革；(4)改革开放已经取得的巨大成就，降低了进一步改革的紧迫性。问题是，在国际追兵四起的环境里，中国又遭遇要素成本急升，不考虑推进改革来作为“对冲”，还有其他坦途可行吗？

竞争后发优势

解释中国经济成长之五

远看中国，经济增长成就斐然，应该是人类历史上的一个纪录。近看呢？要素成本呈急升之势，关键部门的改革举步维艰。合并起来，中国经济的前景究竟该怎样看？

后发优势不唯一

我的回应是，事情要放到新的竞争环境里看。纵观天下大势，如果竞争仅仅只在发达经济（欧、美、日）与中国之间展开，我也可以同意那些关于中国经济远景的最乐观预测。问题是，当今世界选取“以开放促增长”路线的，岂止中国一家？可以说，中国在迄今为止追兵四起的国际比拼中先人一着、胜人一筹。也可以说，用某些经济指标来衡量，过去20年的中国经济独步天下。但是放眼将来，要断言中国在全球经济竞争中一定捷足先登，我不认为有那样大的把握。

关键的一点，是中国不可能独家垄断后发优势。这里所谓“后发优势”，指的是后起的发展中经济，可以利用发达经济的资本、技术和经验，通过变革和学习，发挥自己的比较优势，后来居上。没有错，近年中国的经济成就，正是后发优势的一个范例。但是我们不要因此误判，似乎只有中国才拥有后发优势。仅以外资为例，每年500亿美元的外国直接投资（FDI）进入中国，当然非常了不起。但是，考虑到每年流入发展中经济的FDI当在2500亿美元之巨我们不免问，其他2000亿美元去到哪里了呢？

2004年6-7月间，我和几位同事及学生在江浙一带作经济调查。昆山、宁波和义乌等地反映，不少外资来到家门口，等土地等不到，就走了。我们问去了哪里，回答是去越南、去印度。真是“一语惊醒梦中人”。知道了吧，“水往低处流”的定律——像自由落体定律一样——从来不以中国为限。2004年11月，中国回顾加入世贸3周年，当年的首席谈判代表龙永图先生讲到了一点，大意是在有的领域，“你开了门，他也可能不来”。要注意了，不来中国，是不是去了别处？发达经济的资本与技术与中国以外的后起经济相组合，就不能形成与中国竞争的其他后发优势？

三项大赛比输赢

很清楚，虽然世贸谈判的时候发展中经济是一个营垒，但“入世”尘埃落定，竞争就主要发生在发展中经济之间。想想吧：资本、技术、发达国家的市场以及管理经济的经验，你所欲者，难道不也正是其他发展中的开放经济所要的吗？争、争、争，从来就是同类相争。谁也不能垄断后发优势，中国必定面对一个后发经济之间竞争优势的时代。

按本文的经济观，后发优势之间的竞争围绕三个项目展开：要素之价，大家要比低；制度费用，也是比低；要素质量呢，当然是比高。综合起来，谁用较低的制度费用组织物（质）美价廉的要素参加全球竞争，谁就胜出。环顾世界，至今领先的中国，没有理由面对三项大赛盲目乐观。

先看要素成本。平均而言，印度、俄罗斯、越南等地的劳动力价格都比中国低，虽然不同的工种情况有所不同。纺织业的一项资料讲，越南的工资成本只及中国的一半。之前讲过的，低工价并不意味就具备竞争力，当年中国人工比今天远为低下，可是出口靠龙虾等资源性产品，而不是劳动力密集的制成品。但是中国的经验也证明，一旦其他方面发生了积极变化，低工价就具有相当强大的杀伤力。月前听英国的朋友说，伦敦的商店里已有“made in Vietnam”的衣物，你如果在中国搞纺织或制衣，不能无动于衷吧？

制度费用难以衡量，这是运用这个变量看经济的一个麻烦。但仔细观察，总不难有所发现。最近媒体关于中航油事件的报道，有一个数据是中国民航的燃油成本比日本的高60％，比新加坡的高2.5倍。注意了，中国航油的超高之价是独家行政垄断体制的结果，应属制度费用的范畴。还有消息说，印度进出口的平均通关时间比中国的低。我自己调查所知，山西煤炭经铁道外运，途中损耗率居然有15％的记录，高于国际水准5倍多！这些都是制度费用奇高的例证。当然，印度落后于中国之处颇多，比如有报道说，印度工业每月平均停电17次。这方面中国的优势明显，但也不稳定。2004年盛夏，神州大地缺电，浙江多处工业“停四开三”。就是说，月停电不是17次，而是16天！

最后要比的，是要素质量。多年观察比较的结果，使我这个从事教育工作的人对国人的学习能力很有信心。是的，中国人的聪明和勤奋是5000年文明史留下的一份重要资产。远的不论，近年中国人在各个领域取得的成就，不能不令世人刮目相看。随便举一个例子，弹钢琴不是中国人的传统节目，但是前年听钢琴名家刘诗昆说，现在钢琴的世界奖项比他出道时多出十倍不止，原因之一是中国的后起之秀实在是多。

但把聪明和才智集中用对地方，难度就大了。以办企业为例，对市场的判断、技术、产品质量和组织管理，都是大学问。这些并不是中国人不能学的学问，因为这些年中国毕竟办出来一批好公司。但是从中国企业领导人的才智、精力和时间分布的角度看，集中于客户、市场、技术与管理的总是太少、太少、太少。数年前听科龙创办人潘宁抱怨，在内地浪费在搞关系上的精力太多，不比在香港特区，可以集中于市场、技术和管理。最近，美国《外交》季刊登了乔治·吉尔坡（George J. Gilboy）的一篇文章，讲到对中国企业的一些看法，读来似乎可以印证潘宁当年的感慨："中国企业在过去20年里发展起一种独特的企业战略文化。第一，中国企业通常挖空心思从关键官员处获得特殊待遇，例如市场和资金的特殊渠道，对规定条例的免责和官员的保护伞等。第二，为了独享这些特殊化，同时避免与其他企业冲突，许多中国企业不与同业合作，尤其是跨地区的合作。第三，中国企业倾向多元化经营，以转移因过度的生产和重复投资所引起的价格竞争带来的潜在损失。""这种企业战略文化削弱了中国企业的竞争力……它们追求短期增长而没有发展新技术。”话说得难听，而逆耳的也不一定就是忠言。但只要吉尔坡的观察反映了部分现实——我以为是的——我们就不能断言国人的聪明和忙碌直接等于素质的提高。

总而言之，中国面临竞争后发优势的严重挑战。看未来五到十年，全球的后发优势可能咄咄逼人。继续大幅度降低经济的制度和组织费用，持续提升要素的素质，总要啃几块硬骨头。啃不动了会怎么样？龟兔赛跑的故事就可能再度发生。

三种私人资本和中国经济

似乎在不经意之间，私人资本已经成为国民经济的重要组成部分。我的观察，现实中有三种私人资本，它们形态各异，需要解决的问题也不一样。三种私人资本的动向如何，既影响当前投资需求，更影响中国经济的长远。为了理解的便利，我先说明，本文在费雪和张五常的意义上把“资产”定义为任何可能带来收益的资源，而资产的市场价值，则为资本。至于“私人资本”，那就是由个人拥有的、能够为其带来未来收益的资产市值。

私人企业中的私人资本

第一种私人资本，是私人企业中的私人资本。这是20世纪50年代中期之后直到改革开放前不可以在中国合法存在的资本。改革以来，“私人经济、私人企业、私人资本”的合法性在实践中逐步重新确立，直到1999年新修改的宪法承认私人资本是构成国民经济的一个重要组成部分。国家相继公布的《合伙企业法》和《独资企业法》，大体为20世纪80年代以来在“个体户”“私营企业”等名目下存在的私人资本，提供了一个法律框架。回想20世纪80年代早期“陈志雄雇工包鱼塘”和“安徽傻子瓜子”的故事，私企的合法性在中国早已不可同日而语。目前全国私人企业的总数当在1000万家之谱，从业人员在几千万上下，每年总产出约两万亿元人民币，固定投资大约占全社会总投资的四分之一。很清楚，要不是中国弃置那些过时的教条，改变体制政策并修订法律，私人企业断然不可能在中国发展成这么个规模。

一般而言，私企中私人资本的产权已经得到了清楚的合法界定。但是，把产权界定得一清二楚，无非是为了便于市场交易。要是交易受到非经济因素的阻碍，再清楚界定的“产权”价值也会打折扣。当前私人企业中的私人资本首当其冲需要解决的问题，就是市场进入，也就是从事市场交易活动的限制。

有一个管制条目，叫作“产业禁入”。各类政府管制机关，手中多有成文或不成文的关于禁止私企禁入（或限制）的行业目录。根据为何？据说凡国家“战略性产业”，私人资本进入就不宜。但是现实的市场活动中，人们只见一个个具体的产品或具体的服务，哪里见过什么“产业”？举个例子，卫星制造属于“国家战略性行业”应该没有疑问。但是，温州柳市镇私人企业生产的合格低压电器装上了国防卫星，到底有何“不宜”？一般而论，谁人真正见过什么“产业”？当下时兴的“跳舞机”，你说它算个什么“产业”？家电业，还是运动器械业？其实，对于市场来讲，跳舞机属于什么产业根本无关紧要，要紧的是它能不能满足某种需要、质量如何、价格是否可以接受，以及相应的商业服务如何。人为划定产业顶多为分类研究提供某种便利，但是我们可要晓得，当非驴非马的骡子同时挑战“马”和“驴”的分类时，真正要改进的是那原先笨拙的分类，而不是骡子的存在。

问题是，一旦勉为其难的“产业分类”构成政府管制的内容，与什么审批权挂钩，超越“分类问题”的既得权力和既得利益就形成了。这时候，要是没有主管骡子的部门和审批骡子的条例，骡子就不能合法地存活，除非它有办法把自己化妆成马或者驴。要是有人再来一通“产业高论”，认为马比驴更加“战略”，私人企业为驴尚可，但不得成马，那么对不起，凡是还想活出个马样来的真驴和已经化妆成驴的骡子们，只好赶快研究化妆成马的技术，并为此追加化妆成本。我不是说笑话，在某种程度上，所谓的“产业政策”加“所有制压制和歧视”，主要功效无非就是增加经济活动中的“化妆成本”。

当前经济问题的症结就在“战略性行业”。多数人已经认可，非战略性行业可以允许私人资本进入。但是战略性行业，比如金融、电信、航空、媒体、出版、进出口贸易等，至多只可以组织国有企业之间的竞争，而不准私人企业插足。我的看法是，如果我们不是用“产业”这样大而无当的概念来讨论问题，向私人企业开放的空间还是大得很。比如金融，如果说由私人开办全国性商业银行不可想象，那么地方性、社区性的私人银行也断然不可一试吗？以资产抵押批量购买国有商业银行的贷款来从事转贷业务，可不可以呢？比如电信，全方位的基础电信业务不对私人企业开放，某些环节譬如线路分销可不可以开放？电信增值业务可不可以突破1993年规定的只对国有和集体企业开放的限制，按照市场竞争优者胜出的规则，让私人企业也有一个正式的、无须“化妆”就可得的机会呢？总之，对私人企业合法权益的保障，可以考虑开放更大的市场空间，扩大市场准入。这样才能进一步激发企业家精神，刺激私人投资，并进一步消除“战略性产业”国有行政垄断的弊端。同时，增强的市场竞争也可以加大私人企业优胜劣汰的力度，提高私人企业的整体素质。

与公有资源缔约的私人资本

第二种私人资本，是清楚地属于个人的财务资本或人力资本，通过一个市场性的合约，与国有或集体资本结合成一个企业。这类私人资本形态很多，绝大多数上市公司、股份制公司、承包制公有公司（包括农村集体土地的农户承包制）以及各式各样改制的公有公司，都包含着这类通过市场性合约联系着的私人资本。媒体最近报道的江铃汽车公司，其营销业务通过长期合约全部由私人经销商经营，也可以看做是私人资本通过合约进入“公有企业”的一种形式。事实上，私人资本作为要素进入国有或集体企业之后，纯粹的“公有企业”已经变成基于市场合约的“混合制公司”。因此，我们也可以将第二类私人资本称为“在混合企业中的私人资本”。

这方面，联想集团的“国有民营”是一个重要的创造。“国有”，说的是15年前中国科学院计算机所投了20万元，当时不讲股权、债权，无非钱拿去用，过两年你有了，再给所里做贡献。“民营”，说的是以柳传志为首的创业人负责经营，国家（科学院）基本不加干涉。现在联想集团净资产几十亿元，“国有民营”体制功不可没。但是，科学院和联想没有满足于企业家人力资本与国有资源在事实上达成的合作，而是审时度势，分步通过规范的利润分成合约，并在利润分成基础上进一步界定国家（科学院）、企业创始人、经理层和员工对联想集团拥有的股权。至此，“国有民营”已经发展成为“国有民有合股”的新体制，表明私人要素与公有资产之间的合约，可以随着经济转型而不断从初级和简单的合约升级为更高级和更复杂的合约。

另外一个私人与国有资本通过市场合约连接起来的例子，就是中国网通。读者一定知道，那是一家由中国科学院、中国广电网络总公司、铁道部和上海市四家国有股东组成的、旨在发展中国新一代宽带高速互联网的“国家级战略公司”。但是中国网通的CEO，却不是国有机构行政性委派的官员，而是由董事会聘来的原亚信（一家在美国创办的高科技公司）总裁田朔宁。亚信已经在纳斯达克上市（总算替中国内地在亚洲108家上市的网络公司中争得唯一的一席之地），而田本人是亚信最大的个人股东。用流行语言描述，田朔宁不但是“知本家”，而且还是“资本家”。国家公司聘用一位知本家兼资本家任老总，过去不能想，现在也不多，但是毕竟中国算是有了。私人资本可以与公有资源通过市场性合约结合起来了。

与公有资源混成一体的私人资本，凭借合约界定权利。因此，凡是影响合约有效性的因素，都会影响这类私人资本的产权有效性。我们知道，计划经济公有制的一个传统就是不承认个人的缔约权。中国的改革大体从承包制开始，使个人逐渐有了缔约地位，从个人承包公有企业，到个人投资股份公司和上市公司。现在，首先的一个问题，就是个人缔约权还不够普遍。举个我在讨论电信改革的文章里提过的例子，中国电信（香港）在海外上市，固然使境外的私人投资人获得一个与中国国有电信资产缔结股权合约的机会。但是，境内中国公民至今还没有这项投资权利。众所周知，垄断性的电信公司利润的一部分来自其垄断地位，也就是买方不得不付出的高价所产生的“利润”（其实是“垄断租金”）。为什么境内的我国公民，只有付高价电话服务的“权利”而不能投资分享垄断租金呢？类似的事情还有一些。比如国有垄断性资源到境外上市，使得持人民币的国人就是有意也无缘投它一把。有趣的是，这样的事情倒无人去问一声“正中谁的下怀”，可见某些人是从来不把中国公民的个人合法财产权利包括在他们的“爱国主义”概念之内的。

其次的一个问题，是公有资源本身缺乏市场交易性，结果就阻碍了本来还可以更大规模与之订约的私人资本的进入。国内上市公司不流通的国有股、法人股平均达到70%，等于宣布这些公司的控制权不买卖。如此架构，市场收购企业的功能基本缺位，私人投资人虽然还是可以“用脚投票”，但却无法对公司管理层产生根本性的影响。再次，就是“国有资产流失”方面的“有罪推断”。无论什么企业，一旦要到境内境外上市，统统要到国有资产管理部门办“有关手续”。我曾经好奇，为什么不是国有公司的事情也要劳国有资产管理部门经手。答案是：任何公司必须先被认定没有国有资产；如果被认定有国有资产，那么就要证明没有发生国有资产的流失。

这个逻辑实在荒唐。本来管理国有资产是政府有关部门的职责，国有资产在哪里投资并享有权益，应该清清爽爽。怎么可以国有资产究竟在哪里拥有权益都搞不清楚，反而一屁股坐在交通要道，要每个过往人员证明没有占了国有资产的便宜？如此“有罪推断”，产生四个结果：(1) 普遍增加证明无罪的成本；(2) 增加另一类“化妆”

成本；(3) 增加腐败动力和机会；(4) 大大减少私人资本与公有资源结合的意愿，因为凡事“粘上”了国有就会麻烦无比。

公有资源缺乏市场交易性的另外一个根源，是定价难题。回到本文使用的资产定义，资产价值是面向未来、由资源未来的盈利潜能来确定的。但是，面向未来的事情总是多多少少包含一点奈特讲过的“不确定性”。因此，资产定价有很大的“主观性”。因为“慧眼识英雄”，因为“情人眼里出西施”，不同的投资主体对未来不确定性的认知程度差别很大。资产在市场中定价，就是在交换不同主体关于未来认知的信息流中定价。可是，这套游戏规则由行政机构管理的国有资产经济模式就“玩”不转，因为主观定价的要害是由“主”来定价。行政官员或准官员（国有企业经理）来代理国家资产定价，怎么识别是“投资的远见”，还是徇私、疏忽甚至腐败呢？于是，只好根据“客观”标准定价，那就是看着“资产”的过去来定价。过去的事情当然很客观，比如投入多少、折旧多少、账面净资产还剩多少。但是，在资产定价这件事情上，过去的客观记录和资源的未来盈利潜能之间，往往没有什么重要的关系。就是说，即便按照客观标准定价，资产交易的要价也同样可能远离其真正的价值。

国有资产的定价悖论导致成交困难。按照盈利潜能估计的、可以为私人资本接受的国资价格，要是低于国资账面净资产值，就是“国有资产流失”，不可以合法成交；反过来，等于或高于账面值的国资，其市场盈利潜能又不为私人投资主体看好。能够成交的，仅限于高于账面值且还具有市场盈利潜能的国资。那可是真正的“黄金资产”。问题是，这样的“黄金资产”，不是已经成交了，就是还没有开放。我的看法是，国资定价悖论对于政府被过度拖累在国企解困问题上，要负很大的责任。但是，国资管理方面的一个有罪推断、一个定价悖论，是不是也表明，动员更多的私人财务资本和人力资本与国有资源订约，在我国还有很大的余地，值得继续改革，继续努力。

公有企业里的私人资本

第三种私人资本，最不成形，但又几乎无处不在。这就是在所有公有企业中，尚未得到清楚的产权界定、尚未有合法缔约权的人力资本。按照我的理解，人力资本天然属于个人。像人拥有的体力，掌握的知识、技能，以及努力、负责、创新、冒风险、对潜在市场机会的敏感等，总是附着在个人身上，并且只归本人调用。问题是，事实上属于个人的人力资本，并不一定被法律承认并受到法律保护。于是，实际上控制着人力资本的个人，可能因为法律不保护他的人力资本产权，而不将事实上只受其控制的人力资源充分贡献出来。

传统的国有企业搞不好，根本问题是没有把“国有企业”也看做科斯所讲的“一组市场合约”，其中固然有属于国家的资源，比如财务资本，但也有不属于国家而属于私人的资源，比如经理和员工的人力资本。即便国家拥有企业全部的财务资本，也要与属于私人的人力资本订约，通过市场性的合同，承认并保护个人人力资本的产权，承认其价值。否则，国有财务资本怎么能够保值增值？现在讲国有企业要利用劳动力市场（包括经理市场），而不能靠行政机制配置资源，大家都接受。其实，所谓劳动力市场，就是承认工人、技术专家和经理的人力资本产权，并且用法律保护其交易的制度安排。

所以，第三种私人资本，早就存在于所有公有企业之中，只是尚未在市场化改革过程中转化为法律上的私人产权。因为尚未完成转化，所以争取向市场原则转化的有之（表现在各地改革公有制企业的大量经验中），利用事实上对公有资源的控制权，加速“捣糨糊”的有之，“做和尚撞钟”混过大好时光的也有之。

私人资本的起源

这最后一种私人资本，竟然是我国所有形态私人资本的起源。历史上看，到20世纪70年代中期，中国的一切资源差不多都归了“公”。怎么20年后，平地就冒出一个私人企业部门，又冒出更大的一个私人资本与公有资源合约在一起的混合经济呢？我的理解是，除了外来户，中国本土的私人资本统统来源于天然属于私人的人力资本。比如在人民公社体制下，当然不承认“劳动的努力”属于农民个人。结果，事实上控制着“努力”资源的农民就在人民公社的公田里睡觉。农民睡觉的结果是饥饿和食物匮乏。于是，明里暗里的包产到户从1957年起就没有完全断过。最后，还是农民拥有的人力资本产权与人民公社的公田达成了一个被普遍接受的承包合约。

城里的事情复杂一点，主要是工商业企业的资产比土地更容易贬值，对规模经济效果更敏感，因此必须承认企业家。但是，基本的逻辑在城里和乡下都是一致的：不承认私人的人力资本产权，公有经济中的人力资本就怠工；当社会政治经济结构无法承受普遍的怠工时，事实上的私人人力资本就在一个个初级的自发合约中获得承认，并扩大市场性合同的缔约权；最后，私人可以通过与公有经济的合约合法地赚钱和储蓄，可以将私人资本再投资于私人企业而形成第一种私人资本，也可以继续与公有资源订约而再形成第二种私人资本。

当然，由于没有原发性的产权和契约，公有经济的产权变革，必定伴随着污泥浊水。相当一部分公有资源的实际控制者，在转型中攫取了远远高于他们“应得份额”的钱财，并且形成了与行政权力结盟的另一类“私人资本”。这类伴随着公共权力被滥用而成型的“私人（官僚）资本”，构成了对转型时期社会秩序的严重威胁。汪丁丁阐释过，作为一种权利(right)，产权首先必须正确(right)。中国的教训是，仅仅有经济改革包括产权改革，并不能解决关于“正确”的社会可接受的一致标准。全面解决产权问题需要在更全面的行政和政治改革方面下功夫。

第二辑 企业家精神

1992年7月国务院发布《全民所有制工业企业转换经营机制条例》，全面落实14项自主权。但1996年时预算内国有企业的净销售利润率降低到历史最低点，亏损总数是1985年的28.6倍。相对比，全国乡镇企业的产值增长22%，中外合资企业的所得税增长40%。熊彼特关于创新的主体是“企业家”的理论在中国实践层面得到了呼应，到新千年大型国企进行股份制改革，国有企业企业家的潜质开始得到前所未有的激发和呈现，探索中国经济发展实现创造性突破的基石在企业层面开始有了回响。

经济增长与企业成长

六年以前，三位在麻省理工学院求学的中国同学，问了他们老师一个问题：与日本或欧洲相比，美国经济最显著的特点是什么？这位老师叫莱斯特·瑟罗（Lester Thurow），回答了一句话，“我们能够以比世界上任何人都快的速度创立公司并把它们变成大公司。”这位曾任斯隆商学院院长的经济学教授举证，“如果你看看美国25个最大的公司，其中有8个在1960年根本就不存在。”——英特尔不存在！微软不存在！沃尔玛不存在！但“如果你看看今天欧洲最大的25个公司，它们早在1960年就是大公司了。”听得出来，这位教授对美国经济的这个特点颇感自豪。

这就带出了本文的主题——成长。受到上述对话的启发，我们不妨思考经济成长与公司成长的关系。在经验上，似乎有四种不同的类型。第一种，一个经济主要就是靠一家大公司支撑着。比如芬兰，当然那里也有不少好公司。但达到国际级的，可能就是诺基亚一支独秀。国内有的地区也有这种现象，方圆几百里就是一座高山，靠某一家公司支撑着当地的财政、税收、就业和繁荣。这种类型有某种脆弱性，就是一旦这个支柱性公司发生什么问题，整个经济就摇晃。

第二种类型就是日本和一些欧洲国家，靠一批百年老店支撑大局。1997年亚洲金融危机以前，韩国经济差不多也是这个特征。谈起最大的好公司，多少年来就是这么几家。早先还是不断地推陈出新、后来居上，可是一旦形成一个顶端结构，多少年就超稳定。这同样符合瑟罗说的特征，最大的公司，20年前就有了，少有大的变化。

第三种类型，从经济看是高速增长，但从公司看则是前仆后继，一排排起来，又一排排倒下去。通过一批又一批公司的死亡，实现经济的高速增长。从一个角度看，这是很普遍的现象，因为就是在最发达的经济里，公司成活率也不一定比最落后经济里的婴儿成活率高。但是仔细比较，不同国家的差别还是很大。有的大浪淘沙，总还淘出金子来——出了一批好公司；另外一些地方呢，来回折腾，所剩无几。经济高速增长，但没有在公司组织方面留下家业。

最后一类就是令美国教授颇感自豪的那个类型，不断从小公司中成长出最大的、世界级的公司来。不是说老公司全都垮了，许多百年老店还在，比如 IBM、福特汽车、JP 摩根等等，都还在，也还有实力和活力；但又不断冒出微软、沃尔玛这样在25年内就迅速成长为最大公司的新锐。这就是中国老话讲的长江后浪推前浪——后浪推过了前浪，但是前浪并没有消失，前浪后浪一起组成了滚滚东流的大江。

不难理解，为什么最后一个类型才支持了最持久的经济增长，才从中生长出了全球最大的经济。前两个类型，或者过于脆弱，或者结构僵硬。当然它们总比前仆后继型的好很多。经济增长没有落下组织成果的，可以一时间很热闹，可是代价太大、消耗太多，难以持久，最后不能支持持续的经济成长。

看中国经济，连续20年的高速经济增长，是不争的事实。问题是一个高速增长的经济，是不是一定意味着它的公司和公司群就能够自然而然地健康、持续、高速成长？答案是不一定，因为在国家经济增长与公司成长之间，可能出现多种不同的组合。这样看，讨论中国经济高速增长背景下的“公司成长”，是一个重要的题目。

公司成长，环境条件当然重要，不可或缺。但我们也观察到，在同样的环境条件下，企业自身的状态有决定意义。这里，要集中谈一谈企业家精神。最主要的一个看法，就是在当前和今后保持和振奋旺盛的企业家精神，比以往任何时候更重要，但似乎也更加困难。

这里说的是“企业家精神”，而没有使用流行的“创新”——最早由熊彼特（J.A. Schumpeter）定义的作为企业家的最重要的特质。创新当然很不容易，可是创新究竟难在何处，人们并没有做很多探究。我的看法是，难就难在绝大多数的创新——技术、产品、商务模式等等——在市场上可能一钱不值！

是的，标新立异固然不易，可是比起能够满足人们需要的、受到市场欢迎的标新立异来，实在是小巫见大巫。说到底，脱离市场需要的“创新”，不但不是公司成长的源泉，而且常常是商业活动的灾难。这是所有创新性活动的共同困难——艺术创新最难的是打动人们的心灵，学术创新呢？贵在启迪人们的思想。要是只讲新颖和独到，不论是否满足他人的需要，不断搞怪的“创新”，又有何难？

在商业上，受市场欢迎的创新才是最难的。为什么？因为我们并不能轻而易举就知道什么是“市场需求”。不要以为消费者会把他们的需求清楚地说出来，在许多时候，甚至连消费者自己也不完全知道。举一个例子，川菜似乎谁都知道，但如果不是“俏江南”开发出带有文化格调的川菜，人们从何知道居然还有如此独到的对川菜的“市场需求”？

这类故事是讲不完的。要点就是有人对人们尚未满足的需要很在意，在旺盛的企业家精神的支持下，判断、决策、尝试、行动。不是关起门来搞创新，而是从满足市场需要出发，把创新作为满足市场需求的手段，组合各种资源，把产品和服务做出来，把市场做出来。所以，我还是习惯把“对潜在市场需求的敏感”，作为企业家最重要的特质。有句话讲得好，脱离市场需求的“创新”，可能给商业带来灾难。

仅从这一点看，现在更需要激发企业家精神，因为发现潜在的市场需求比过去困难多了。到处都是所谓的“买方市场”，再不是计划经济时代那种普遍的短缺，找一个产品生产出来就可以卖钱。另外，全球化扩大了市场规模，同时也大大增加了竞争的激烈程度。一个人想到的商业点子全球有很多人都能想到，而且强手如云，很容易把商业点子变成产品。

从另外一面看，企业家精神的“供给”难度又发生了变化。回头看，贫穷似乎是一个超级强大的发动机，因为穷则思变，逼人奋进。中国一大批草根企业家，就是在穷得没办法的情况下，左闯右闯杀出一条路来。今天经济增长这么快，收入和享受比过去大大提升，反过来就是创业的成本迅速增加了。另外，过去我们国家还有一种造就企业家的特殊历史力量，那就是体制的失误和耽误，导致许多人多少年也没有干一番事业的机会。改革开放好不容易带来机会，就拼死也不放弃。我知道的柳传志，差不多40岁才有实现人生抱负的机会，就是货币报酬再低、工作难度再大，柳总那代人也要干。现在不容易了，找一条坚持做下去的理由，很难；找一百条放弃的理由，容易。

社会舆论也发生了很大的变化。多少年的官本位传统，企业家——商人——的社会地位本来就低。再加上长期批判资本主义，企业家 / 资本家连头也抬不起来。只不过因为长期贫穷，“一部分人先富起来”才在一个时期内被舆论接受，先富者包括企业家也还受到一点尊敬。但是新的情况又出现了，有一些先富者的钱财来得不清不白，结果导致“疑富”、甚至“仇富”情绪的蔓延。这不能不降低对人们在市场上苦斗的精神奖励和鼓励。不止一次听人说，“何苦呢，现在又不是没饭吃”！

实际的经济环境变化也很快。前年我讲过“成本激升的挑战”，就是中国靠低成本在世界市场上竞争，但近年产业成本升得凶——人工、土地、能源、材料，以及政府服务之价格全面上涨。怎么适应这个新的变化？我也讲过，与发达经济相比，中国还有很强的成本优势。但是全球都在开放，印度、俄罗斯、越南等等，追兵四起，谁也不会客气的。在一片“中国世纪”的乐观浪潮里，新的挑战早就逼近了。市场上的挑战主要对着谁来的？当然对着企业家。从这方面看，难度也加大了。

最后，成长、特别是高速成长，本身就是极大的麻烦。我们来看“成长”这个词怎么用。一幢大楼从九层盖到十层，我们不叫“成长”，因为大楼没有生命。成长总是指有生命的主体，比如说孩子在成长，或者一棵树在成长。要感谢上苍——多少万年的进化，凡有生命主体的成长差不多都是自动实现各方面的配合和适应。比如孩子的个头和体重增加了，心脏、血管和神经系统也相应得到发育，否则就要出毛病。但是“企业成长”没有那么远久的进化。到今天不少人讲到企业，还是“做大做强”——完全都是物理概念，而不是生物的成长。可是在实践中，企业属于有生命的主体——销售和利润的增加，一定引起内外部一连串的变化。正如疯长身高，内脏器官或调控系统没有得到相应的发育，就会很危险。

小结一下，现在比过去更需要振奋旺盛的企业家精神，但也比过去更困难。于是问：英雄何在？很难的事情，才需要英雄的。在深圳调查的时候，很多年轻的企业家不断讲到任正非，讲到任总当年如何困难，而今天的华为让世人刮目相看。到浙江台州，很多年轻的企业家总讲当年的李书福。这说明一个地方、一个经济里只要出几位英雄，对后人就有极大的激励作用。最后，中国未来的经济增长与企业成长究竟是一个什么样的格局，讲多了没有用，做得出来才算数。

江桂兰的故事

江桂兰引起人们的注意，是在2005年年初。那时，浙江台州市海关公布2004年外贸情况，名列塑料模具行业出口榜首的，是温岭松门镇富岭塑胶有限公司。江桂兰，就是这家名不见经传的小公司的创办人。当地一位记者采访了这位农家女，报道写得感人。2005年5月我在浙江大学上课，在朋友送的一本《浙商》杂志里，第一次读到江桂兰的故事。同年6月我到台州出差，顺道访问了松门镇，把江桂兰故事的细节也补充上了。

故事的开头就打动人。“1991年3月，28岁的江桂兰借来20万元的高利贷办起自己的塑料厂时，不仅别人，就连她自己对以后的生活也没有底。她的条件并不优越：父母都是松门本地的农民，没资金没技术没关系；自己已经结婚6年了，还拉扯着一个6岁的孩子。唯一让她感到高兴的是，命运开始掌握在了自己的手里。”

起家设备是三台旧的注塑机，最早的产品是海上渔家用的冰盒。做出来的产品要推销，销不动要改；改进后还是难销，就转产衣架。1995年，本来绝无参展资格的江桂兰，愣是“磨”进了广交会。她拉着样品，挨个展位求人容她“参展”，磨到第125个展位，一位宁波做外贸的温岭同乡终于被说动，以4万元的价格把1/6个摊位转给了江桂兰。那一次，江桂兰谈成了两笔生意，赚到的钱刚刚等于参展费用。

江桂兰向光顾自己展台的外商派发了十几张名片。几个月后，一纸传真从北美发到富岭塑胶，问能不能生产西式快餐用的塑料刀、叉、勺？江桂兰回复“能够”，发完传真后立即着手开发模具、生产样品，并很快向美国供货。江桂兰并不知道她领导生产的大批餐具是供肯德基使用的，而那家订货的美国公司，本身就是肯德基的餐具供应商，迫于成本的压力，才尝试走上“外包”（outsourcing）之路——温岭的制成品，先发到美国工厂，然后再与“made in U.S.A.”的餐具一起打包运给肯德基。

肯德基发现，它的餐具供货商发来的货箱，有的安排整齐，有的凌乱。查问的结果是，安排整齐的刀叉来自中国温岭。于是北京肯德基得到美国总部的通知，派专员到富岭实地验厂。江桂兰告诉我，第一次检查并没有通过，因为根本不知道生产塑料刀叉居然要查验那么多项目。江桂兰要求对方再给一个星期的时间。七天后，富岭厂包括周边卫生消毒、虫害控制等六大项59条标准，经查验全部合格，每一项都在80分以上。肯德基满意了，因为这样的分数甚至要好于美国国内的同类供应商。

2003年底，首批试单的12个集装箱被运往美国。得到首肯后，肯德基给江桂兰发来了1200万美元的订单——富岭开始直接给肯德基供货。江桂兰笑了，“2004年我们差不多全在忙这个单子，整整出口了600个集装箱”。这一年，富岭公司正式成为肯德基在中国内地唯一的指定供应商。同时，富岭也开始向迪斯尼等大公司供应刀叉。

2004年，富岭的产值突破了1亿元，成为台州塑料模具业的龙头老大。

涉足国际市场还逼迫江桂兰重新拿起中学时代的英语书。那次在广交会上，“谈生意全靠让位的摊主帮忙翻译，我就想一定得把英语学起来。”回家后，她买了一本《外贸英语》开始自学，随时随地掏出来念几句。江的丈夫很吃惊：“你连普通话都说不好，还真打算说英文！”2002年，江桂兰到上海参加外语培训班，是年她已经39岁。次年温岭外贸部门组织到美国参展，不料除江桂兰一人外，其余人包括翻译在内全部遭美国使领馆拒签。江桂兰只身前往拉斯维加斯交易会，没带翻译，就靠她自学的英文接下了几十万美元的订单。

江桂兰不过是众多浙商中的普通一员。不过，这个由农家女成长为国际市场供货商的故事，给我这个研究经济的带来很多启发。首要的一点，是企业家精神很重要。什么是企业家精神？就是永远不满足现状，千难万难也要发现一个满足他人需要、实现自己理想的市场机会。当年的江桂兰已有10年“打工”经历，也具备谋生的一般本领。可是她就是不安分，非要冒借20万高息贷款的风险，在市场里闯一闯。相比之下，商务计划倒是次要的因素，因为正是企业家精神驱动商务计划的提出、调整、坚持和升级。没有旺盛的企业家精神，不可能打开市场。

打听过江桂兰的经历，完全没有发现她的企业家精神来自家庭或家族的遗传。江桂兰身上那股非要干成一点什么的劲头，除了个性使然，更多的是受到环境的激发。大环境，就是改革开放；小环境，就是在当地听到、看到的市场先行人的故事。我是相信每个人身上多少都有点企业家精神的，问题是环境条件可遇而不可求。天天“大批资本主义”的年代，就不要谈了；“官本位”体制靠“等因奉此”“照办”过日子，也搞不成；“大锅饭、铁饭碗”呢？冒市场风险的机会成本实在太高；“官商勾结”比赛的是怎样搞权力，不可能把市场客户的需要放在首位。只有以上“四大皆空”，企业家精神才有用武之地。

企业家精神得到了激发，还要有机会。从江桂兰的故事看，市场开放实在非常重要。广交会上的半个摊位，当时似乎不经意发出的几张名片，能有什么效果完全很渺茫。但事后看，就是一项事业的重要开头。当今中国许多地方大办市场，为千千万万个江桂兰提供出发的第一台阶，重要性是不可以被看低的。

江桂兰的故事也有助于理解中国经济的国际竞争力。看到“made in China”的产品在全球市场上越来越多，不少人以为那仅仅是“廉价劳动力”（cheap labor）使然。年初我为此作文说明，离开了中国制度成本的大幅度下降和中国人学习曲线的显著上升，单以劳动力成本低，是无法解释中国产品在国际市场上与日俱增这一现象的。1980年中国的劳动力成本远为低下，那时候在哪里看得到“made in China”？江桂兰的故事提供了一个最直观的案例——允许经商、开业自由、农民可以出国做外贸等等，属制度成本下降的范畴。农家女背英文单词呢？是学习能力改善中国产品质量的明证。再加上中国劳动力成本还是比欧美发达经济要低很多，物美价廉，“made in China”大行其道矣。

读江桂兰的故事看经济大局，千头万绪中不容易本末倒置。

人力资本的产权特征

人力资本理论，像不少读者知道的那样，是将经济学关于“资本”的理论，推广到对“人力资源”的分析上来。一些经济学的先驱们，探究了经济增长中何以总产出的增长比要素投入增长更快的原因，发现健康、教育、培训和更有效的经济核算能力等，是现代收入增长的日益重要的源泉。这个认识一般化后，人力资本经济学家就把人的健康、体力、生产技能和生产知识等看成是一种资本存量，即可以作为现在和未来产出和收入增长的一个源泉。

“资本”的产权特性，如同其他“物”的产权特性一样，许多人认为是清楚的。事实上，大家讲产权，好像不言而喻地都是在讨论“物”（property）：产品、货币和其他财货。讲到“资本”，不外机器、设备、厂房、场地、可周转的钱、道路、桥梁等等。所谓资本的产权，当然就是这些可以投到生产过程生利的“物品”的那一束权利，也就是资本的所有者拥有资本品的收益权和让渡权。

这里，私人资本的所有者通常被叫作资本家。在一个社会里，如果人们的社会地位由其拥有的资本产权的大小来界定，社会的经济活动由资本家主导，这个社会被称为“资本主义”，大概就在所难逃了。

虽然自布劳代尔以来，不少经济史学和经济学高手都已经指出过，“资本主义”这个概念实在含糊不清，但“资本主义”还是大行其道。对我们中国人而言，根本无须改革开放，即使穷乡僻壤的山村也对“资本主义”耳熟能详。改革开放只是改变了一部分中国人对“资本产权”和“资本主义”的价值评判（另一部分人坚持不改，于是有“姓资姓社”之争）。普遍的观念变化也是有的，比如过去总以为“资本的产权”是与社会主义的国家利益对立的东西，现在不同了，“国有资产的增值事关国家命运”已成为主流意识形态的一个组成部分。在西方世界，“资本的产权”大概属于“只做不说”的事情了。资本产权，无论属于私人、社团、企业还是国家，一律每日每时每分每秒在收益和增值（亏损即数值为负）。从日常的市场制度到宪法安排都保障这一点，已经无须多说了。这就是说，“资本的产权及其特点”在哪里都是清楚明白的。

人力资本与个人不可分割

人力资本的产权问题就不同了。首先是“人力资本究竟有没有产权”这个问题的困难。说来有趣，首先不在于难找好的答案，而在于问题本身很难明明白白地提出来！权利问题总是和“排他性的归属”连在一起的。经济学家定义的人力资本，包括人的健康、容貌、体力、干劲、技能、知识、才能和其他一切有经济含义的精神能量，天然归属于自然的个人。人力资本的每一个要素，都无法独立于个人。这同任何“物”的资本不同。机器可以搬来搬去，厂房可以东拆西建，货币资本更能无腿而行天下。道路铺在地面，桥梁架在河上，但道路并不天然附属地面，正如桥梁并不附属河流。因此，当我们试着问“人力资本的产权”时，我们究竟是在问“人力资本的归属”，还是在问“人的归属”呢？人力资本不可分地归属于人，天然如此，何问之有？至于人的归属，除了可以蓄奴的社会，哪里有人会往“这个人归谁所有”这样愚蠢的方向去思考呢？问题提不出来，好答案就不会有了。所以绝大多数的人力资本文献，要么讨论人力资本的经济含义，要么测度其对经济增长的影响，但都不讨论“人力资本的产权”问题。运用人力资本理论劲头十足的学者，同时又对产权问题有兴趣的，寥若晨星。

首先碰到人力的产权问题的，正是研究奴隶制的经济学家。1977年，巴泽尔（Barzel）在美国《法律和经济学报》上发表的论文，提出奴隶经济中的一个有趣的问题。在奴隶制下，奴隶在法权上属于奴隶主，是其主人财产的一部分。因此奴隶主可以全权支配奴隶的劳动并拿走全部产出。但是，为什么在历史上有一部分奴隶不但积累了自己的私人财产，而且最后居然还“买”下了自己，从而成为自由民呢？巴泽尔发现，奴隶是一种“主动的财产”（full fledged property），不但会跑，而且事实上控制着他自己劳动努力的供给。奴隶主固然“有权”强制奴隶劳动，但由于奴隶“主动的财产”的特点，奴隶主要强制地调度奴隶的体力和劳动努力，即使支付极其高昂的“监控”（supervision）和“管制”（policing）的成本，也不能尽如其意。为了节约奴隶制的运转费用，一部分奴隶主不但只好善待奴隶，如福格尔(Fogel)发现的那样，而且只好实行定额制（quota），允许奴隶将超额部分归己，于是一些能干的奴隶因此拥有“自己的”私产，直到积累起足够的私家财富，最后有钱“赎买”自由身份。

这位巴泽尔，是张五常教授当年在华盛顿大学的同事。据张五常在1984年的回忆，他在巴泽尔提出“主动财产”概念时，曾经将自己以前因为想不起这个特征，所以未能解释奴隶解放的经济原因的体会告诉了他。现在有了“主动资产”这个概念，张五常就做了一番精彩的发挥：劳力和知识都是资产。每个人都有头脑，会做自行选择，自主决定。我要指出的重要特征，是会作选择的人与这些资产在生理上合并在一身，由同一的神经中枢控制，不可分离。跟这些资产混在一身的人可以发奋图强、自食其力，自加发展或运用，也可以不听使唤，或反命令而行，甚至宁死不从。

上文提到人力资本与人不可分开的特点，由此而来。

人力资本的私产特征

但是，“产权大师”张五常教授这次却并没有从“人力资本的产权”角度来提问题，他没有进一步问：“既然人力资本不可分地与人合为一身，那么人力资本的产权形式有什么特点？”没有问，就不会有答。这在解释某些现象时，未免力有所不逮。这一点，在他与诺贝尔经济学奖得主、人力资本理论创始人舒尔茨的一个意见分歧中可以看出来。1982年，张五常曾写有一本关于中国前途的小册子，书中有一个判断，即人力和知识在当时的中国并非私产，而非私产的人力和知识会影响其经济利用。舒尔茨读罢，写信批评：“人力在中国就不是私产吗？”张五常回应，舒尔茨怎可以认为人力资产——这包括知识——在中国是私有的财产呢？“他（指舒氏）曾到中国讲学，怎会连中国人民没有自由选择工作或没有自由转让工作的权利也不知道？私有产权的定义，是包括自由转让、自由选择合约的权利。在人力及知识的资产上，这些权利在那时的中国是没有的。所以这些资产在中国不能算是私产。”

张五常的这一点反驳大有道理。只是他也许没有意识到，他的这个论据与上引“人力资本与人天然合为一身的特征”之间，存在着逻辑不一致。试想，如果人力资源天然与人本身合而为一，那么人力资源在法权上只能归属私人，除非法律保护蓄奴制，可以将人为奴。这一点，一位新劳动力经济学的代表人物罗森（Rosen）做过说明，他指出，人力资本的“所有权限于体现它的人”。但是罗森在解释人力资本只能属于个人的产权特性时，用了一个限制条件——“在自由社会里”。他的意思是，只有在不允许将人为奴的法律条件下，人力资本属于个人才是真实的。但是读了巴泽尔关于奴隶经济的研究后，我们可以认为，即使撤去“自由社会”这一限制条件，即便是在蓄奴合法的制度下，由于人力资源的独特性，人力资源也还是在事实上只能归属于私人。你看，人力资本作为一种天然的个人私产，甚至奴隶制的法权结构都无法在事实上无视其存在。这就是说，人力资本的资源特性使之没有办法不是私产，至少没有办法不是事实上的私产！

回到舒、张两位的分歧。要论熟悉中国的情形，舒尔茨一定不如张五常。但舒尔茨可能是按照逻辑“猜”的。试想，人力资本各种要素天然附属于人，“强制运用”人力资本的体制费用高得难以想象，这样的资产自然非私产不可用。这是“人情”所系，与国情无关，所以放之四海而皆准。舒尔茨到底是人力资本理论的创始人，对人力资本的各种形态研究下过更多的功夫。他平时似乎很少用“产权分析”，但遇到与人力资本有关的产权问题，他一“猜”就猜个准：人力资源在中国也是私产。

没有自由选择仍是“私产”

不过，张五常的实际观察又怎么可以忽视？在计划制度下，中国人确实没有自由选择工作或自由转让工作的权利。城里人工作靠分配，乡下人不准随便进城；体力劳动，做不到多劳多得；技能技术专长和生产知识都不是特别值钱；发明没有专利，创新不受法律保护；企业家才能更是免谈，谁“发现市场”，谁就是“走资本主义”等等。人力资源的各种要素、各种表现，统统不得自由交易，也因此没有市价。人力资本的因素固然“附着”在人的身上，但就是不允许人拿自己的人力要素来交易，来自由选择利用这些要素的合约。这哪里能叫私产？产权者，“一种通过社会强制而实现的对某种经济物品的多种用途进行选择的权利”（阿尔钦语）也。现在私人选择利用其人力资本的权利不充分自由，张五常教授就一路推理下来，纳闷舒尔茨怎么还能把这样的制度约束下的人力和知识，仍然看做“私产”呢？

舒氏有理，张氏亦有理。我等后辈，如何是好？一般而言，同非人力资产一样，如果限制市场自由成交，当然会导致人力资本的产权出现德姆塞茨意义上的“残缺”，也就是在完整的人力资本的利用、合约选择、收益和转让等的权利束中，有一部分权利被限制或删除。产权“残缺”严重到一定地步，私产有其名无其实，一纸法权空文，毫无经济意义。这个道理不错，但是有一个问题应该进一步问：当产权残缺发生时，人力资本的反应方式与非人力资本的“反应”（如果它能反应的话）是一样的吗？

不一样！人力资本是“主动资产”，天然属于个人，并且只能由其天然的所有人控制着这种资产的启动、开发和利用。因此，当人力资本产权束的一部分（或全部）被限制或删除时，产权的主人可以将相应的人力资本“关闭”起来，以至于这种资产似乎从来就不存在。人不高兴的时候，纵然是国色天香也可以“花容失色”的。普通资质的，给你一个“门难进，脸难看”，那就是负值的资产了。体力资源呢，也难办得很。最简单的劳动——种地，只字不识的农民要是不乐意干，你天大的神仙也拿他没辙；他可以“出工不出力”，可以“糊弄洋鬼子”，谁能把他怎么着？技能、专长和生产知识，这些要素就更麻烦一点，因为无形无影，你就是有绝对权威发威风，也不知从何下手。天南地北，有一绝技在手者，只需一句“你干一个我瞧瞧”，任你再厉害的主，也没有什么办法。“知识分子”，单单这个笼统的字眼就令无数英雄累弯了腰。你看他“四体不勤，五谷不分”，而且大多“手无缚鸡之力”，就是读了一点书，那个难办哟。你算他资产阶级、小资产阶级，难办；算无产阶级，好像更难办。一棍子打下去，绝大多数知识分子倒可以“夹起尾巴做人”，不过要他们创造、发明、供给有创意的思维产品，可就难矣。其中共同的道理，就是人力资源的“主动资产”特性，使这种资本拥有反制“产权残缺”的特别武器。

“产权残缺”自动贬值

更特别的是，这部分被限制和删除的人力资本的产权，根本无法被集中到其他主体的手里而做同样的开发利用。一块被没收的土地，可以立即转移到新主人手里而保持同样的面积和土壤肥力。一座厂房和一堆设备，也可以没收后投入另一个生产过程而保持同样的价值和效率。一堆“没有臭味”的货币，谁用都值那么多钱。但是一个被“没收”的人，即便交到奴隶主手里，他还是可能不听使唤、“又懒又笨”，甚至如张五常教授所说，宁死不从。换言之，人力资本是一种可能因为“产权残缺”而立即自动贬值的特别资产。人力资本及其所有者用来反制产权残缺和残缺产权的转移的基本机制，就是“主动”使这种资产的经济利用价值一落千丈，甚至瞬时为零。

由于这个特别机制，人力资本的产权私有性在各个制度结构里都不可能被取消。即使在设想中的社会主义社会，一切生产资料（即所有非人力资本）都归了公，人力资产仍然归个人所有，也就是私有。把这一点阐述清楚的，不是别的什么“资产阶级经济学家”，而正是马克思。在《哥达纲领批判》这部被称为“成熟的马克思主义著作”的小书里，马克思讲到在他理想的社会主义社会里，还要默认“劳动者不同等的个人天赋，从而不同等的工作能力，是天然特权”，还必须保留按照劳动者实际提供的劳动来分配消费资料的“资产阶级法权”。虽然这个构想，现在看来还是没有办法实现（因为一切生产资料归了公，消灭了商品生产以后，要拿“劳动小时”来计量每个人的不同劳动贡献，除了在一个非常小又非常简单的“社会”里，根本不可操作）。这说明，即使把非人力资本的公有化程度推演到不可实际操作的高度，人力资本的私有性还是挥之不去！改革前的中国计划经济，怎么也消灭不了商品货币。

“发现市场”，实现市值

人力资本这个东西还有一个特性，就是千方百计会找机会实现自身的价值。我们不是看到过，寒冬腊月在公家地里睡觉的“懒虫”，一回到他的自留地里，居然会干得满头大汗吗？当年“脸难看”的国营商场的售货员，走起“后门”来的干劲、热情和“服务质量”，哪里会输给他们在西方世界里面带“职业微笑”的同行？凡夫俗子“走资本主义”的花样百出，无师可以自通。“知识分子”的名堂，更是“罄竹难书”也。这些写来可成“大全”的故事，说明了什么？说明作为私产的人力资本，从来没有“干净彻底”地被消灭过。它要么“没有”了，在权利完全不被承认的时候；要么顽强地表现自己，“发现市场”，没有白市找灰市，没有灰市找黑市，“人还在，心不死”，就是要实现自己的市值。

以上讨论，使我们得出人力资本产权的三大特征：第一，人力资本天然归属个人；第二，人力资本的产权权利一旦受损，其资产可以立刻贬值或荡然无存；第三，人力资本总是自发地寻求实现自我的市场。如果对人力资本产权形式的上述特点一无所知，要理解现代经济学中热门非常的“激励”理论就困难重重了。为什么土地和其他自然资源无须激励，厂房设备无须激励，银行贷款也无须激励，单单遇到人力因素就非谈激励不可？我的回答，都是人力资本的产权特性使然也。

刮目相看人力资本

国企问题是产权问题

如果我们国家的国有企业不改革，将会成为国民经济向前发展的一个障碍。国有企业资产非常庞大，从账面上来看，大概有8万亿元，其中经营性的有6万多亿元，但从盈利能力来看，非常微弱。从趋势来看，1996年全部国有企业的利润有600亿元，1997年有400亿元，1998年有200亿元。1999年采取了很多措施，上半年是200亿元，全年也许会比上年多一些，但就是有600亿元，每100元账面资产也只有1元的利润。这是一个非常现实的问题。同样，20世纪80年代发展很红火的乡镇企业，特别是集体乡镇企业，现在从经济效益来看，也是走下坡路。这样的现象，非常值得研究。

从理论上来认识，这个问题究竟是怎么造成的？现在有许多讲法，一种说法是因为国营企业的历史太长了，包袱太重了。可是在市场经济中，历史悠久的公司并不一定就经营不善。相反，长期的市场竞争，反而会累积无形资产。你去看看 IBM 公司多少年了，福特汽车公司多少年了，英国许多老牌公司多少年了，它们并不因为历史长就一塌糊涂，盈利能力就下降。所以这不是一个主要原因。

主要的原因是，我们原来的公有制企业，里面有一个很大的问题，就是制度里面缺一些东西。几十年的实践证明缺了这些东西是不行的，你不管叫什么名义，用什么词，你要把这些东西请回来，你要叫这些东西在我们的企业制度里面生根，否则的话，我们走不出去。这东西就是：人力资本。

人力资本是关键

经济学家研究经济增长，通常会把经济增长看成是许多要素投进去的结果。因为一个经济系统肯定是要把许多东西放进去，它才有东西产出来。那么什么东西往里放呢？最早人们认识到是土地，然后认识到是劳动，最后认识到是资本。传统的观念把“资本”的概念看做是物质的东西，就是财物的资本、货币的资本。机器设备、厂房这些东西都看做是资本。大概在20世纪60年代，一些经济学家通过对很多国家和地区的长期经济增长做了研究以后，发现有一些经济增长的速度是传统经济学没有办法解释的。舒尔茨认为，投入的自然资源有限没有关系，只要人的质量提高，把科学技术运用到生产当中去，你就会发现很多替代品。这个替代品就会使原来没有价值的经济资源变得有价值，原来利用效率低的资源变得利用效率非常高。这个理论是划时代的。它提出了人力资本的概念，认为对经济增长起作用的非常重要的因素，不是土地，不是数量上的劳动力，也不是银行的钱或机器设备，而是人力资本，是人的质量，包括人的进取心、人对风险的态度、人的知识的累积程度和应用技术的能力。

很多人认为，战后德国、日本的复兴，是美国援助的结果。可是研究表明，美国同样援助了拉丁美洲，而且援助拉美的程度，在早期要比援助欧洲、日本大得多。但是，拉美经济没有起来，德国和日本却很快起来了。芝加哥大学的经济学家认为，这主要依靠两个国家优秀的企业家和工人。有了这个资源，再加一点物质流量进去，经济就起来了。

经济学家又进一步研究产权对人的行为的影响。研究一个界定清楚的产权，对人、对人的行为、对人的预期有什么影响，进而怎样影响经济效益。无论人的受教育程度、受训练程度，无论是他掌握的科技、他拥有的创业精神、他的冒险精神和责任心，这些东西都有很大的经济价值。同样一个人，从数量上看都是人，但是他的状态、他的精神、他所拥有的知识是另外一个概念。它可能是1，可能是5，也可能是10。人身上所拥有的能力是真正的人力资本。人的这个能力是一种非常重要的资源。有些能力不仅来自后天的训练，也有天赋的成分。

人力资本产权形式非常特别，它只属于个人。其他资源通过国家政权基本上都可能得到，唯独人的能力是天下最麻烦的东西。要是它不启动，谁都没有办法。能力附属在一个人身上，天然就属于个人。你说机器、厂房、工厂、土地是公家的，但能力是他自己的。这一条在任何时代都没有改变过。计划经济体制下的售货员，他就是不对顾客笑。他不按时来上班，你可以扣他，可以罚他，但这个笑你就没有办法，强制的笑比哭还难看。而笑在服务业中有非常重要的经济价值，它让顾客高兴，觉得花钱值得。所以说这是人力资源一个非常重要的特点。天底下的东西都不要激励，一碰到人就有激励的问题。什么叫激励？就是他的目标跟你的目标能否一致。你外在的目标能不能转化为他的目标。你如果不能转化为他的目标，他把这个事情老看成是你的事情，那麻烦就大了，那他的能力就不启动、不有效启动或者不充分启动。经济中的很多麻烦都跟这个事情有关。各个国家竞争、比赛，比什么东西？就是比这个事情，就是比什么经济体制能把人的潜能最大限度地挖出来。

启动人力三法

从经验来看，把人的能力调动起来有多种办法，一种就是强迫。这通常对简单劳动起作用，但对复杂劳动不能够持久。因为谁来强迫强迫者呢？你派个监工去，那么监工又为什么好好干，监工身上的能力怎么能持久调动出来？然后你会说，我会派人去监督这个监工。一层层派下去，到最后还是会碰到同样的问题。所以，强制搞经济活动是断然不能持久的，否则应该是那些奴隶制国家发展得更好，因为它一直是靠强制的。第二种是靠热情，类似于宗教的、意识形态的、信仰的东西。它的作用有，但不够普遍。因为不是所有人都相信这套东西，也不能持久。当然，我们认同意识形态或者我们中国人所讲的思想政治工作，也就是现在大家说的企业文化。它的作用不单单是说服，更重要的是它对人的尊重。

调动人力资本更重要、更普遍、更持久的办法应该是交换。要让人的资源充分调动起来。企业也好，社会也好，国家也好，你总要跟他换东西，而这种交换跟任何交换一样，都要遵循市场的法则。

老板也好，经理也好，要调度职工的积极性，或者国家要调度国营企业的厂长经理的责任心，都要根据市场的原则来做交换，激励人的潜能发挥到极大的价值。

企业、公司是团队式的生产组织。团队性的生产是大家共同努力产生一个成果，这里包括了很多部门，从接线员到技术工人。所以对团队生产来说，员工更容易产生所谓“搭便车”的问题。因为团队生产计量不清楚，或者很难计量每个人的劳动和这个共同产品之间的关系，所谓多劳多得，就很难贯彻；有的人就会偷懒，因为谁都不知道每个环节对最终产品和产出的影响。这时要设置所谓的监督机制、计量机制，要测定每个部分、每个工作与最终产品的关系。大公司层层分解下去，往往难以测定某员工跟产品的关系、跟这个公司的市场占有份额的关系。因此需要有一个很强的动力。这个动力机制就是剩余的利润索取权。这个剩余索取最终驱动整个公司的运作。这时管理已经跟剩余连在一起，跟利润连在一起了。

这种经济体制和那种经济体制之间最大的差别，是看能把人激励到什么程度。换句话说，个人在多大程度上认同企业的目标。所以激励实际上是找一套机制使得这两种目标能够一体化，或者最大限度地靠近。要增强管理，光引进国外的技术经验是没有用的，还要学习国外的激励机制。这个问题不解决，办再多的学习班也是没有用的。因为管理者自己不想使用掌握的知识，不把他的能力发挥出来，企业就管理不好。

办好企业，办得有盈利，中国人不缺这个能力，不比其他人差，甚至可以说要比别的民族好一点。很多美国教授问，你们中国人为什么一到海外就这么厉害？从历史上看，都是非常穷的农民，到了美国就开个洗衣房、饭店，就靠这个谋生。几年时间，他就起来了，买房，让孩子上名牌大学，第二代一出来就进到中产阶级去了，然后就形成新一代的中国城。什么道理？说明中国人有才能，至少不会比美国人差。问题是我们的体制是不是承认人的能力，是不是把好人挑到管理的位置上，然后又开足马力去启动他的能力。

我相信中国人不缺这个能力，问题是我们缺乏这个体制，能够把这类人选到这个位置上来，然后激励他。当然下一步你还得能管得住他，约束得住他。现在第一个问题是激励不足。

激励企业家这种人力资本，不能仅仅靠工资，还应该让企业家分享利润。这个利润分享不是短期分享。关键是把分享利润的权利资本化，变成一种股权。

比尔·盖茨刚创业时，虽然从风险投资人那里找了一些早期投资，但钱很少。那么他如何吸引最有竞争力的人才？就是给你股权。早期到比尔·盖茨那里工作的人都知道，他的工资比市场平均工资低15%-20%。但是他不欺负你，他给你公司的股权，以弥补这15%-20%。结果微软公司的资本以火箭速度增值。现在早期跟他合作的人都拥有千万美元以上的家产。同样，当人们问雅虎公司总裁杨志远，现在竞争越来越激烈，你们怎么找到最好的人？他说我们找人不单单是靠工资，他们都是我们公司的股东，都是公司老板的组成部分。

所以从体制上来说，不管是国有、集体，还是乡镇企业，管理者要跟利润挂钩。高级管理层做的决定会影响公司长期运转的资产质量和公司的市场竞争的定位，对利润的形成有重要的影响。管理者分享利润，就会关心利润。这是投资人的福音。想要投资人放在企业里的投资有回报，就一定要让这个管理层好好工作，这是为什么分享利润的计划会如此普遍的原因。当然，分享多少要由市场决定。分享利润的权利也不能够短期化，对那些最核心、对公司最有影响的人员，他做的决定、行为对公司有长远影响，分享利润的权利要资本化，要股权化。股权化有两条途径，一条是要把过去的贡献折成股份，另一条是给他期股权。股东可以终身分红，也可以把这份股权出让。

归结起来说，企业改革就是要建立一个好的机制，能够把人的能力调动起来，把人力资本充分挖掘出来。否则，搞活企业就永远是空话。

能力定价和高科技产业

知识和技术的载体是有头脑的人。知识和技术转化为生产力的载体是企业。因此研究高科技产业的发展策略，不能不研究有头脑的人和企业。本文讨论人和企业诸多问题中的一个：市场和企业怎样为掌握知识和技术的人的头脑定价，以有利于知识和技术在经济发展中得到更充分的运用。

定价问题：一般商品和特别商品

北京人都知道大白菜的故事。大白菜是居民的生活必需品，所以当时的政府很有理由地管制着大白菜的价格。管制的结果是，菜农不愿意供应低价白菜，而居民的“需求”又因为低价机制而毫无弹性。于是政府两头忙：一头要督促农民种够大白菜，另一头要组织低价大白菜在城市居民中的分配。后来开放了市场，允许价格反映大白菜的供需形势，价格就开始发挥所谓的资源配置功能。现在，政府再也无须为大白菜忙活了。这个故事说明，定价机制被歪曲，连大白菜都会供不应求。

改革20多年，关于价格机制对一般商品供求的调节作用，大家的认识似乎一致了。现在的问题是一些特别商品，比如所谓事关国计民生的粮食、油料、棉花，能不能放开由市场价格自由调节，政府和许多经济学家的意见还不那么一致。至于更特别的一些商品，比如货币（其价格是利率），能不能由市场价格机制来调节供求，人们的认识就更有分歧了。但是，今天的政府和中央银行，比以往任何时候都更注意主动利用利率杠杆，也是一个可以观察到的事实。

最后一类特别的商品，是否可以由市场价格调节其供求，各方的认识分歧更大。这类商品，包括本文讨论的人的能力，或者说人的头脑。困难的问题，首先还不在于应不应该运用价格机制为这些资源定价，而在于：（1）这些特别的“资源”是怎样一种性质的商品；（2）市场和企业怎样为这些特别商品定价；（3）这些稀缺资源被正确定价之后，社会能不能接受。

本文集中讨论这三个问题中的前两个。根据大白菜的经验，只要解决好怎样定价的问题，第三个问题最后是可以解决的。

对“能力”定价：重要性何在

知识和技术的载体是人。但是，人可不是一个被动地“存放”或“保管”知识和技术的“场所”。人是否把他掌握的知识和技术应用于经济过程，以及这种应用的效果如何，至少取决于两个因素：（1）能力，即综合已经掌握的知识和技能，并加以创造性组合或发挥的本事；（2）意愿，就是我们的这位知识和技术的主人是否乐意“调用”其知识存量。

人的意愿是知识和技术能否转化为生产力的十分重要的因素。知识和技术的载体，是具有自主意志的个人。这一点，把知识财富与任何其他物质财富区别了开来。物质财富可以“随便拿走”，但是人掌握的知识财富可是拿不走的。他不乐意“调用”，任你天王老子也没有办法。这是人才问题麻烦的全部根源所在。当然如果社会制度足够野蛮，也可以“蓄人为奴”。但是根据巴泽尔的研究，即便在奴隶制下，法权上成为奴隶人身主人的奴隶主，也无法做到在奴隶不乐意的条件下，像享用自己的物质财富一样，“享用”“自己的”奴隶的劳动。恩格斯的著作中提到过的罗马时代那些聪明的奴隶在事实上支配着愚笨的奴隶主，现在看来并不是特别费解的事情。

人是否乐意“调用”知识存量，更重要的，是否乐意学习（即主动增加知识存量），取决于许多因素。其中一个基本的因素，是社会对其拥有的运用知识和技术的能力怎样定价。定价机制对头，人就乐意去“启动”知识和技能的存量，并变成经济增长的增量；反之，他不但不生产，还可以“反生产”。这样看来，所谓对人的头脑定价，就是对人的能力定价。对人的能力定价的重要性，完全在于历史已经证明，靠强制和威胁是没有办法动员“能力”资源的。仅仅靠说服（或宗教情怀或意识形态），既不充分，也不可能持久。必须研究的，是平等交易。基本问题是：你在多大程度上启动你的能力资源，社会在多大程度上给你回报。平等交易，就要定价机制。所以定价机制不简单，讲起来似乎只是钱、报酬方式和数量的斤斤计较，背后其实是完完整整的一部文艺复兴以来在人本主义基础上从人权、产权到知识产权的现代文明史。

回到大白菜。政府人为压低大白菜的价格，本质上不是“看轻”

大白菜，而是“看轻”生产大白菜的人——北京菜农——的“能力和努力”。你看轻了，人家的“能力和努力”就不充分“供应”，结果就是任你用尽什么办法，还是达不到大白菜满足供应。

高科技、低科技，在这一点上道理是相通的。原则上，真正懂得“低科技”的大白菜供求之道的，也应该懂得“高科技”的发展之道。不过，“高科技”依托的能力定价问题有一些特别，需要做一些特别的探讨。

“能力租”

“能力”资源，作为一种要素投放到市场，有一些特别的经济性质值得注意。限于篇幅，本节只讨论其中的一个特点。这就是，生产“能力”的“成本”与“能力产品”的关系非常难以确定。

20世纪60年代以后在美国流行起来的人力资本理论，通常把“体现在人身上的技能和市场知识的存量”（Rosen，1977，1986），看作是一种未来收入的源泉。更一般的，人力资本经济学家把“以教育、培训和扫盲为基础的工人技能的长期改善”，看做是“生产”人力资本的结果（Schultz，1961，1975）。由于这样的认识，社会用于教育和培训等方面的投资，就可以在收益率方面同用于非人力资本的投资相比较。但是，事情并没有这样简单。一个直接可观察的事实是，同样的教育和技能培训的投资，可以“生产”出不尽相同的、在某些方面差距甚大的“能力结果”。同等学力的学生，日后的能力差异颇大。一些低学历的“天才”，在经济增长中表现得能力非凡。反过来，部分高学历者，虽然投入的成本很高，但终其一生，既没有重大的创造和发明，也没有惊世骇俗的企业家才能。这可以说明，投入的资源和产出的“运用知识和技能的能力”之间，并没有线性的关系。这对于习惯于“成本定价”思维模式的人来讲，要按照“能力”的“生产成本”来为能力定价，实在不是一个好消息。越是“高科技”，越是“知识含量密集”的地方，简言之，对转化已有知识的创造性要求越高的领域，生产能力的“成本”与“产出结果”的关系越难以确定。成本定价法，例如按照学历定薪资和待遇，就越是错误百出。

比较相近的，能力资源有点像矿产资源。我们可以根据矿产的稀缺性和矿产的品位定价，但无从探究和比较不同矿产的“生产成本”，因为我们其实根本不知道矿产的全部生产成本。如果说矿产对于人类经济社会，是自然所赠的礼物，那么那些杰出的头脑，就是文化历史所赠的礼品了。在经济学上严格一点，与其说为能力资源确定一种价格，不如说决定一种能力资源的“租”（rent）。关于“租”的经济学告诉我们，成本对于确定租的水平并不重要，重要的是能力资源的相对稀缺性和产权强度。

测度“能力”的困难

能力资源是无形的，因此直接为能力定价（租），首先要遇到测度的困难。矿产在物理上有形，甚至油气田都是如此。但是“能力”无形，于是带来无法直接测度（或者直接测度的成本太高）的困难。经济学家早就发现，凡是涉及对人的能力和努力的测度，问题就比较复杂。由于经济产出品常常是许多要素综合投入的共同结果，要测度能力的贡献份额，就更加困难。其实，许多经济制度安排就是为了解决测度困难而生的。例如计件工资合同，就是通过计量产出品数量来测度工人的能力和努力。计时工资合同，则通过计量工作时间来测度工人的能力和努力。显见的事实是，任何间接的测度办法都会有误差，因为无论产出品数量和劳动时间，都不足以完全准确地反映能力和努力的投入。因此，在任何一种市场性的合约中，总有一些“公共域”（public domain）问题存在。就是说，总有一些误差带来的实际利益，落在一些力量的控制中。

对一般工人的能力和努力的测度误差，带来的后果也许并不严重。但是，在高科技产业中，如果对以下两种能力的测度带来了误差，从而引起能力和努力的供给不足，那么发展高科技，就差不多成为南辕北辙的事情了。

这两种能力，一种是技术创新，一种是将技术创新转化为市场盈利能力的企业家才能。我们首先分析，为什么这两种能力的测度误差常常很大，主要是因为：

第一，技术创新和企业家的能力，由市场的长期竞争来检验。

第二，技术和市场的创新能力的间接测度指标，常常不是单一的，而是综合性的，例如利润指标。

第三，综合性的间接测度指标，反映的是众多投入要素的共同结果，因此发明家和企业家能力的贡献份额，难以独立考核。

第四，这些考核的困难，带来了对经济制度安排的挑战。一个基本的问题，就是仅仅运用工薪报酬制度，没有办法激励技术创新和企业家能力的有效供给。

为什么股权安排是重要的

正是创新对经济产出流的持久的决定性影响，要求在薪资制以外，以企业的股权来作为对重大技术创新和企业家才能定价的基本经济制度。

薪资制的经济特点是事先的“合同性收入”。当企业与员工签订薪资合约的时候，通常包含着一个确定性的承诺。因此，当员工一方完成合约规定的工作义务的时候，企业不论总的经营成效如何，都必须按照合约支付薪资，即使在企业破产的时候，也要首先支付拖欠的薪资。换言之，薪资的领取人对企业的存亡并不负有责任。这类薪资合同，适用于经济行为影响企业成本，并仅仅影响企业成本的主体。

但是股权安排完全不同。首先，它不包含一个确定性的承诺。股权的回报是红利，也就是企业支付了全部确定性承诺后的剩余。有剩余，股东可以分享；但没有剩余，股东也必须“扛着”，直至承受破产的风险。其次，股权不是短期安排，而是与企业生命周期同样长的制度安排。股权是不可退、只可转的制度安排，这保证了持股人的经济行为与企业持久地连在一起。

不难理解，为什么要考虑技术创新人和企业家的股份安排。道理很简单：技术和市场创新的行为，影响的是企业长远的、不确定的未来结果。对于行为影响长远而影响的方向又不确定的行为主体，仅仅给予短期的、确定性的激励制度安排，必定会发生经济学家们叫作“激励不相容”的后果。股权分享是给发明家和企业家能力定价的主要制度，回避这一点，发展我国高科技产业最主要的资源就会供给不足，正如当年定价机制的错误，导致大白菜的供不应求一样。

理解当代的实践

对于利润分享、认股权、管理层收购（MBO）以及风险资本等，直到对硅谷的优秀头脑大下其注的当代西方企业制度和高科技经济体制的实践，我们有必要在理解的基础上加以借鉴。对于国内的探索，包括公有企业的股份制改造、经理持股、各类民营高科技企业的发展经验，我们更要下功夫研究实践的合理性和所面临的需要解决的问题。基本的判断是，政府根本无须“发明”什么高明的办法，只要顺应时势，在中外实践经验的基础上制定政策，并在与社会各方充分的信息交流中推进有关立法，就可以完成制度创新和组织创新，推进我国高科技产业的发展。

新经济与企业家精神

何谓新经济

“新经济”这个词开始是对一种现象讲的，因为美国经济摆脱了战后以来的一些发展特征。美国的经济战后通常是这样的：如果通货膨胀的指数又往下走，失业率就要往上升，就是说如果通货膨胀压低了，失业就增加；反过来，要消灭失业、减少失业，通货膨胀就上升。这个现象、这个联系很稳定。但1990年以后，特别是从1991年以后，将近108个月，美国的经济有一点反传统。就是说通货膨胀率往回收，基本低于2%，但是失业率也往回收，2000年4月美国最新统计的失业率不到4%。这个现象很难解释：为什么通货膨胀率下降了，失业率也下降？新经济最早是从这里来的。

格林斯潘大概在两年前就讨论过这个问题。他说，如果说我们的经济（是指美国经济），每天有新的东西发生的话，这个新经济早就有了。但是，如果你们说要有一个经济可以摆脱战后的通货膨胀和失业率的这种一个上去、一个下来，互相替代的关系，他不相信。但是这个判断已经好几年了。现在美国的情况，直到最近50个基点的加息以后，情况还是这样。失业率虽然掉到很低的点，但价格指数没有往上走的趋势。这也构成一个难题。究竟怎么去理解它？我认为在这幅图像的后面，好像是有一点基础的。主要的基础是什么呢？经过20世纪70年代末、80年代、90年代的调整，美国经济自己在其制度框架下激发了活力。

新经济的诞生

我1990年在美国念书时，在加州，失业率是13%。什么道理呢？因为原来的经济结构遇到极大的困难，由于苏联垮台，“星球大战”计划搁置，大量的军费开支是通过政府的背债、欠债来发动星球大战的。这个计划一搁置，里根——我们知道是星球大战战略的制定人，把很多好项目就给了加州（他是从做加州州长出去的），结果加州是得了他的好处，也受了他的害。因为星球大战计划一搁置，无数工厂关闭，加州第一次通过驾照统计发现，人口开始净流出，这是几十年来没有的，加州阳光地带，一直是进来的人多，出去的人少。项目死了，大量的高级经理下岗，工程师失业，成年的工人重新学习一项技术。这是我们在那儿念书的时候目睹的状况。但是你看它几年以后为什么就充满活力，进入了所谓新经济呢？主要有两条。

第一条，20世纪80年代，美国在各种因素的促成下，进行了所谓放松管制的政策。原来政府对很多特种行业，就是有高度发展潜力的行业，有很多管制，实际上就维持了行政垄断。20世纪80年代早期开始，从航空业开始，电信业、电力基础设施，这些过去认为所谓自然要占垄断地位的行业，一个一个改，一个一个冲破垄断，引进竞争。这个引进竞争是什么东西呀？就是准入。什么叫作准入呀？就是你可以到这个领域去创业，你可以从事新的行业，最突出的就是航空、运输和电信。你看我们把中国电信分解成几个互相竞争！不要让一个独占市场，然后对市场、对顾客、对技术进步都不敏感了。美国20世纪80年代就开始了这个过程。

第二条，大量的企业重组。企业重组什么意思呀？也就是激发企业家精神。我们中国现在讨论的是社会主义原来的公有制，需要一个产权改革，需要所有者到位，这个都对，但是还有进一步的问题呀，这个所有者要懒了怎么办？所有者偷懒怎么办？必须要有一个竞争的市场，所有者偷懒都不行，甲要偷懒，乙就把它收购了。你不要玩了，你不要占着这些资源了，你不能用这些资源再晒太阳了，你效率低，有效率更高的人，有才能更强的人。他可以在资本市场的支持下收购、兼并，把控制权拿过来，这是一种波动。这两件事情加在一起，美国经济释放活力不得了。

由于竞争机制的引进，原来一个AT&T，后来是MCI，后来十几个竞争商啊！大家供应电信服务，电信的价格就下降了。互联网就是在这种背景下起来的。从而使信息、知识传播的价格大大下降。知识这个东西我们知道制造的时候很困难，你不知道是谁、什么时候能发明，但这个发明的主意一旦产生，你要把它运用到经济当中去，它就没有第二个成本了。一个东西你知道了就知道了，知道以后就没有成本了。它不像物质的东西，这个水，我喝一口，你就不能再喝一口呀。知识的东西我知道，我告诉你，我还是知道。这个传播在经济活动当中发生的作用，使整个传统行业的面目变化得愈来愈快。大量的知识进去了，而知识这个东西，它会提高资源利用效率，它会找到那些稀缺资源的替代。

今天很多发言人都提到硅谷，这个硅是什么东西呀？从物质上看，硅是什么东西呀？硅是沙子，是世界上最便宜的东西。但是你说硅谷那个硅制成的芯片，为什么那么贵呀？因为它在沙子里凝聚了大量的知识、技术，因此它可以贵起来。你看现在通信用的这个光缆，光缆的技术材料还是沙子呀。这正是把沙子变成金子的过程。知识本身这个作用，再加上知识传播成本的降低，看起来这是两个主要的因素。因此，它可以大规模地改变传统经济。美国是在它的制度框架内，体制改革在先，技术变化在后，新经济最后作为一个图像展现出来。它的经验我们要注意，特别要注意这个经验本质的东西，而不是注意它表面的东西。

创业挂帅是灵魂

我非常赞成今天这个主题，就是这个创业。我不知道这个创业在线能不能搞成，这我不能保证。但是这个词很重要，为什么呢？你看整个工业化的结果，是产生了很大的大规模生产：大规模、大批量，大批量的好处是显著节约成本。怎么做到大批量？分工越来越细，把每个人变成零部件。因此，它不但要丧失消费者的个性，而且首先要丧失的是生产者的个性。你现在到广东那边去看看，在大型的鞋厂，内地去的年轻的女工，每人就做那么一段。一个动作，每天从早到晚重复。这是大工业革命的一个结果。它是一个进步，它比农业生产——日出而作，日落而息，自给自足，小而全——更有效率了。

当经济增长被知识驱动，就要更多地靠人的全面发展。因此大规模的工业化和依靠知识驱动的增长之间，存在着组织上的冲突，大工业革命的最高成就就是股份公司。我们现在一讲就是500强，其实500强在美国经济的整个份额里的比例越来越低，只不过它在媒体上的比例越来越高。大公司什么意思呀？把每个个人变成一个零部件、螺丝钉，让每一个人都自觉地去当螺丝钉。这样做有好处，可以形成批量规模；缺点：人的主动性、创造性下降。这个矛盾，很多经济学家、社会学家都观察到了，也有很多批判，但是那个批判如果没有技术基础，就是个空想。你怎么能够做到人的全面发展跟物质水平大规模提高结合起来呢？非常难！现在有这个可能了：生产组织模式开始变化。

刚才景安（张景安，科技部火炬办主任）讲了一连串美国那些创业英雄的出处，从地下室、宿舍到车库，这些东西我们都有，但是能不能从这些物质空间里头创造重大的变化？

我在北大教书，这句话应该讲，我们的教育方法，从小时候开始就扼杀了不少企业家精神，家长的权威、老师的权威。要当心，这个教育不在根本上从启发、从爆发式出发，从主动掌握知识出发，我们很难去碰到那个东西——创造。光有地下室是不够的，我们顶多在地下室里考试，而不是在地下室里创造。我们教育的精神、教育的制度、教育的方法还要很好地改。现在学生里头有这个创业热情，我觉得不管后果如何，它对我们整个教育体系、对人才培养非常具有战略性，所以我赞成创业。

创业和企业家精神的定义

创业是什么东西？第一位就是企业家精神。什么叫企业家精神？第一个定义我比较赞赏的是熊彼特的那个定义：创新。你能贡献新的东西。你不能沿袭传统的东西周而复始，创新就突破了周而复始。还有一句讲得比较好的是：向一切可能的方向去探索。这个在计划经济时代为什么不行呢？因为他保证挑了很聪明的人，然后由他说向哪个方向去探索。市场经济要求向一切可能的方向探索，向一切可能的方向去找机会。这一点就是企业家精神，我觉得非常重要。我始终有句话：当不当企业家不重要，有没有企业家精神很重要。我们不见得所有人都能当成这个社会某个行业里的企业家，但是，要有创新精神，你不能和原来一样，要找到新的东西。

企业家精神里头我比较欣赏的第二个定义是：要对市场潜在的机会敏感，对潜在的盈利机会敏感。这一点我想利用这个时间多讲一点，因为现在很多人讲创业，创业创什么？你首先要给客户创造价值！

我觉得中国的这一波浪潮里边，这个精神至少在我看起来不突出。很多人还说"我有什么，你来买吧，你看我有十八般兵器，你来买吧。你要不要？你不要，你就是傻瓜"。但是企业家精神应该是他先去满足别人，开发市场。这件事情，我的看法是中国人普遍的弱项，旧经济也罢，新经济也罢。我们经常是看外国企业家怎么开发了市场，然后获得灵感。中国人自己的需要、需求，怎么去认识？你不给别人带来东西，你就等着别人给你带来东西？

企业家首先是要给社会、给客户创造价值，这是非常重要的东西。现在由于经济情况的变化，有些特点使得这些特征很难抓住。温饱不足的时候，这个需求还容易把握，热量不够，那就多生产卡路里，生产出来总有人要。但是温饱阶段过了以后，人们的需要、需求开始发散，满足了最必要的需要以后，多数人进入所谓要往中等收入走的时候，买更大的彩电好？还是买别的好？取决于有没有别的，有没有更好玩的。如果没有互联网，我相信有的人会把彩电越买越大；有了互联网，他就犹豫了，彩电小一点也可以呀。这是被需求竞争定位的。

我觉得有两件东西的开发，中国人是成功的。一个是 VCD 机，电脑买不起，把电脑中的光盘扒出来，独立成为一个产品。这个东西卖掉4500万台。增加了多少税？增加了多少就业？把老百姓口袋里的钱吸引出来多少？又满足了多大的需要？还有一个东西叫跳舞机，这算什么行业？是运动器械，还是什么东西？反正有人买。新经济的出现，降低了信息传输成本，因此可以在经济活动当中大规模利用信息、利用知识，但不可缺的是要非常务实。

现在讲的这个孵化器，这些东西到底成功不成功，不知道。反正你去做吧。但是这个东西对头，创业的这种精神从在校生开始体现、体验，至少是给了一个机会。与其把自己打扮得漂漂亮亮地去大公司就业，不妨试一试，因为你年纪很轻，试不成功，你还可以去找工作嘛。是找工作还是自己创业，这在市场经济条件下是可以互相替代的。我的观察是这样的，哪怕是创业失败，再到公司工作，这时对公司组织的体验也是不一样的。这个对产业、对经济来说，不是什么坏事情。

青年学子赤手空拳，有点子；投资公司找来了钱，一时花不掉，找年轻人试一把，总比瞎投了好。最近有个消息，人力资本可以和公共资源组合到一起，注册无形资产可以占企业总股份的60%。这在投资领域，各国都承认的。钱，不跟合适的人结合起来做合适的事，是不会增值的。给你一堆钱，天天盯着看，是不会涨的。

1999年，关于高新科技，中央有一个文件，在我看来堪称改革开放以来最好的文件之一。最好的是里面的一句话，要从近年国有资产净资产的增加值中拿出一块来，奖励给创业人员和技术开发人员。承认人力资本、承认人的努力、人的积极性、认真负责的人对市场的敏感性，这些都是资本。中国现在已经开始放松管制，进行了一系列的改革：电信、电力、航空、金融，WTO 协议签了以后，也有许多国际规范对我们提出要求，从这些方面看，客观大环境是有可能激发出企业家精神的。年青一代在这方面应该有很大作为的。

企业家能力竞争的舞台

资本增值的真正来源是企业家才能在市场上的发挥。资本市场上“买卖企业”的背后是买卖企业的盈利能力，而归根到底是在买卖企业家能力。可以说，中国资本市场发展的基础就是企业产权改革。因此，我国资本市场的未来发展，取决于企业产权制度改革的进展。

资本市场买卖什么

初看起来，资本市场是一个以不同方式买卖企业的市场。从买方来说，购买企业可以直接持有企业的股本，也可以在场内场外的证券交易市场上买得企业的股票或债券，以此获得企业权益。从卖方看，为了获得资本而出让一部分权益，形式也可以多种多样。这就是说，在资本市场上买卖的是企业权益。那么，什么是企业权益呢？企业权益是一种获利的权利。买家如果看中的只是企业的产品或生产线，他只需要到商品市场或要素市场上去直接购买，而用不着到资本市场上来。到资本市场上买入企业权益，目标是企业权益的增值，即通过企业产权的持有而分享企业利润。因此我们认识资本市场的第一步，就是看到在资本市场上买卖的是企业的盈利能力。

企业的盈利能力从何而来？我们从经验中可以知道，一个企业投入生产过程的各种要素，等到转化成了产品和服务，有可能卖出个好价钱（相对于投入要素的成本），也可能卖不出好价钱，甚至根本卖不出去而完全蚀了本。因此投入企业的资本增值与否，首先要对付由奈特定义的市场的不确定性。这就需要决策。决定企业生产什么，生产多少，以及怎样实现获得盈利潜能的创新。有了决断，还必须加以组织实施，直到实现盈利的潜能。这样来看，一个决策能力、一个生产的组织协调能力，是资本增值不可或缺的两个要素。这两种能力，就是企业家才能。在这个意义上，我们可以说企业的盈利能力说到底就是企业家能力的存量。钱本身并不能生钱。我们把钱存入银行，获得了利息，并不是因为钱能生钱，而是因为银行将钱贷给了企业，靠企业在运营中获得了增值。利润的本质不是对货币所有权的回报，而是对企业家才能所有权的回报。当然，银行贷款给企业是要冒风险的，因此贷款利息是对银行承担风险的回报。而风险回报——利息——最终来自于企业运用资本的增值。有的理论把这两种回报混为一谈了。在我看来，离开了企业家才能的发挥，企业所有的其他投入品——劳动力、土地、资金和技术——统统谈不上增值。在资本主义发展的早期，由于资本家与企业家合二为一，使人们误以为利润来自于货币资本本身。随着现代市场经济的发展，我们可以看到，是有钱的人在追逐企业家，竞相将钱交给那些有才能的企业家去运营获利。这就揭开了资本增值的面纱：资本增值的真正来源是企业家才能的发挥。有了这个认识，就可以看到资本市场上“买卖企业”的背后是买卖企业的盈利能力，而归根到底是在买卖企业家能力。

企业家能力与资本市场孰先孰后

这是一个容易循环起来的问题。不过我还是想冒一点险，把资本市场的发生看成是在企业家主导下发展起来的。我们知道，有一类交易是由生产厂家“想象”了市场需求，率先生产出产品和服务，然后刺激了消费者的消费欲望，从而把交易“开发”了出来。比如计算机的硬件和软件，常常就是厂商推出了一代又一代速度更快、性能更卓越、使用更方便的设备和软件，才刺激消费者不惜“挤”掉别的消费开支来购买计算机产品和服务。我相信资本市场的发展也是“供给导向”的。在一个经济中，要有企业家表现其才能的空间，要由企业家把企业的盈利潜能在市场上表现出来，才能吸引投资人向企业和企业家投资。否则，社会的剩余资源只好投向地产、贵金属、古董或别的什么东西来保值增值。在这个意义上，资本市场首先是企业家通过展示其盈利潜能“冲”出来的结果。

兴起于20世纪80年代的民间集资是我国资本市场的雏形。集资的兴起，正是有一些企业家通过发挥经营才能告诉周围的“潜在投资者”：我有市场看好的项目，又有管理经验，如果你把钱投到我这里，所得回报会比存在银行高许多。于是许多人竞相将钱交给那些企业家去运营，形成所谓的“集资热”。“集资”当然包含风险，或者是企业家的预言失败，或者市场上有鱼目混珠的“企业家”。减少这种投资风险，需要很多条件，其中最重要的是要有界定清楚的产权和竞争性的市场。投资人可以在市场上挑选企业家，也可以在一个更大的范围内比较各自对企业和企业家盈利潜能的不同看法。资本市场与任何市场一样，开始总是产权的自发交易。我们可不能小看自发的力量。自发的企业家才能的各种表达，自发的企业家才能交易的各种形式，是资本市场的基础。离开了这个基础，我们无从理解资本市场的发生和发展。但是企业家才能的发挥要成气候，要成“市”，需要大规模的市场导向的制度变迁。在过去很低的收入水平下，也有剩余资金在寻找“投资”的可能性，比如人们炒君子兰、炒邮票、炒各种“无价”票证等。但是只有经过十多年的改革，特别是20世纪90年代以来我国各类企业家争得了越来越大的空间，资本市场——企业家才能的交易——在中国的发展才有了一个“起始”的基础。

企业家喊价权和企业家定价

首先要承认，企业家才能与政府官员（或者叫公务员）的能力是不同的。企业家才能是面对市场不确定性，通过判断性决策和实施决策来获得盈利的能力。这同官员从事公共事务，主要是公正地提供公共服务的能力不一样。因此，首先要对把企业家与政府公务员混为一谈的“干部管理体制”实行根本的改革。按照我的看法，企业家才能本身就是资本增值的源泉，或者说是“未来收入增长的源泉”，因此这种才能本身就是“资本”，就是一种“人力资本”，就是人力资本中的一个特别的类别——“企业家人力资本”。这种资本的定价同样要通过市场机制，要有一个“经理市场”或“企业家市场”。

但是，企业家能力并不是在给定的价格下交易的。交易首先是权利的换手，因此企业家的“喊价权”是经理市场的前提条件。其实，经理厂长的喊价权早就存在，社会不承认其合法的喊价权，它就以“非法喊价权”的方式存在。现在流行的对所谓“企业内部人行为”的那些批评，无非是经理厂长在行使“非法喊价权”。如同人民公社不承认农民人力资本的合法喊价权，农民就出工不出力和逮着机会就偷盗集体财产一样，经理的非法喊价权是通过损害企业利益来谋得个人利益的。解决“非法喊价权”的最有效途径是提供“合法喊价权”。横竖天底下没有白吃的午饭。国家、企业和投资人要想让投放在企业中的资本增值，就要为利用企业家的人力资本而付费，与其付给“非法喊价权”冤枉钱，不如让企业家有合法的喊价权。经理们都有了喊价权就可以竞争，买方也可以还价。通过喊价与还价，形成对企业家才能的市场评价。所以，企业家才能的市场均衡价格是合法喊价权交易的结果。

企业家的喊价当然包含许多内容。从经济收入来看，有一点要讨论，就是企业家的收入一定要包括对利润的分享。现在许多地方都规定，经理的收入最多可以超过职工平均工资的多少倍。我们看到，这个“倍率”的数值在各地正在逐步提高。这是一个标志，表明企业家的贡献在我国得到合法承认的程度正在提高。但是，我们还是要批评，这种“倍率”控制的办法仍然不适应企业家人力资本的性质。前面讲过，企业家决策与管理的基本功能是增加企业对付市场不确定性的能力。因此企业家的贡献，归根到底要由企业是否成功地对付了，以及在多大程度上对付了市场不确定性来检验。

那么怎么才算企业成功地对付了市场呢？最简单地讲，只要企业产品（服务）的市值超过其要素成本之和，即有了“剩余”，企业就成功了，因为投入企业的资本增了值。因此，不但企业家才能主要由企业的盈利水平来衡量，而且企业家才能的定价原则是将企业家所得与企业的利润挂钩，而不是向企业家支付要素成本，即工资。用产权经济学的语言来讲，就是企业家要分享“剩余索取权”，而不是获得事先可以确定的“合同报酬”。在市场上，我们没有办法事前知道企业的利润能有多少，所以也就没有办法事前规定企业家的报酬，更没有办法事先规定企业家的收入只能等于职工工资的多少倍。至于收入分配，可以通过个人所得税来调节，那是另外一回事。这里的关键是承不承认企业家在创造剩余中的作用，承不承认企业家的收入原则是与剩余权挂钩的。

另外，企业家人力资本除了市值到位，还要有资本化的制度安排。我们知道，企业家的能力是与企业家本人联系在一起的，而人总是会衰老的。如果企业家才能不能最终资本化而与人本身分离，那么企业家在对企业还具有控制权的时候，就会转移决策目标，去进行那些对企业发展有害而对个人有利的投资。控制权与控制权的收益不能分离，最终会损害企业的长期利益。比如有的企业，经理非常能干，企业经营得也很好，但由于没有企业家才能的资本化安排，就会发生所谓的“五十九岁现象”：企业家临到退休大捞一笔，或者让自己的儿子成为“接班人”继续控制企业，而他的儿子偏偏又不是最优秀的候选人。企业家才能的资本化安排，使得企业的控制权能在竞争的市场中由一个企业家手中转移到另一个企业家手中。在这个过程中，企业得以始终保持生机与活力。

企业改革是资本市场发展的基础

我国资本市场的发展始终与企业制度的改革紧紧联系在一起。可以说，中国资本市场发展的基础就是企业产权改革。因此，我国资本市场的未来发展，取决于企业产权制度改革的进展。最近，我们在上海、山东、江苏等地调查，看到中国企业产权改革的实际进程比想象的要快、要活跃。比如“耕者有其田，经营者有其股”，讲的是上海纺织控股公司所属的埃通电器公司实行经营者群体持股的故事。各地还有一些早就在做，但从来不说的案例。我们的印象是，我国企业改革的实践开始围绕企业家的人力资本产权做文章，而不是单单去“界定”国有的或集体的（物质）资本的产权。各地的具体做法当然还大有完善的余地，要讨论的问题非常之多。但从这个方向的改革实在是抓住了根本。现在企业改革实践的一个重要特征是，企业家正在以各种不同的方式喊价，“非法喊价权”正在以各种方式“演化”为合法喊价权，而企业家喊价权的竞争性市场正在形成。这个变化产生了发展资本市场的巨大需求。如果说企业物质资本的产权交易引发了我国资本市场的萌芽和初级发展，那么企业家人力资本产权的交易，必将实质性地推进资本市场的深化。

一些地方把国有的或集体所有的企业股本出售给企业经理持有，还为解决国有股、法人股流通问题提供了富有启发意义的线索。这一段时间许多人都在讨论国有股、法人股的流通，诸多障碍之中似乎有一个核心的两难抉择：允许国有股、法人股流通，怕一下子“砸”了市场；不允许流通，那么中国的股市上永远只买卖企业的小股份，而不能提供交易企业控制权的机会。没有企业控制权的买卖，股市怎么可以厚实起来？但是，把一部分国有股出让给企业经理，可以在某种程度上解决这个难题。由于经理持有的股权是锁定的，即在经理任期内不可以在市场上交易，但经理手中持有的股本，只要数额不再是小得微不足道，就会大大强化对企业家人力资本的激励，从而增强企业的盈利能力。企业的盈利潜能当然是扩展市场的基础。同时，随着经理人员的流动，经理所持的股权也逐步入市交易。因此，经理持股的不流动性只是暂时的。更重要的是，在这个过渡期，经理持股的效果会显著不同于绝对禁止流动的国家股和法人股。经理持股要研究的问题还有很多。比如现有的经理自己都没有多少钱，要他（她）买够一个对其经理行为确实有制约效果的股本额度，钱从何来？基层的一些自发做法是通过某种集资或借贷关系，这里有没有让金融组织，特别是叫作“投资银行”的机构大展拳脚的机会，值得研究。总之，我的判断是，有了资本市场的配合，目前的“放小”政策有可能放出一个前所未有的大局面。企业产权改革有了实质的、成规模的推进，资本市场的发展就有了最可靠的基础。

规范资本市场的动力机制

资本市场当然需要规范。不规范，“融资骗子”横行，投资人终究要被吓回去的。问题是“规范行动”的信息基础和激励机制。我刚才提到，一方面，企业家才能是一种主动性很强的资源，一有机会它就要“冒”，活跃非常。但是另一方面，企业家才能要大规模发挥作用，需要一系列制度和政策方面的支持。否则，自发的企业家才能的发挥只能停留在一个临界水平以下，从社会经济的表层来看，就是所谓“企业家供给不足”，样样事情没有政府精英的推动和组织，好像就没有办法搞成。在一个长期以行政为中心的国家里，究竟能不能容忍企业家在经济舞台上人尽其才？究竟有多大的空间？这是第一位的问题。因此，说到资本市场的规范，首先是我们整个社会是不是能够容忍和鼓励企业家的创造，而不是扼杀或抑制企业家才能的发挥。

当然，资本市场上可能良莠不齐。这就是人们提到的代理问题以及经营人员的道德风险问题。即使没有这些问题，由于市场变化的不确定性，投资者也存在其他风险。市场规范其实主要是用来帮助当事人定约并恰当地分配风险的。在这一点上，正如汪丁丁所讲，一个健康的资本市场需要一整套社会支撑体系。比如发达国家的资本市场都有一整套行为规范和执行这些规范的制度保障。我们把这套直接搬来，当然也是一个快捷的办法。但是我们也必须了解，人家那一套是“上当”“上”出来的。最初的市场难免混乱，使一些投资者成为受害者，或者损害企业的利益。于是各方都要求规范已有的交易行为，以保护自己的利益。经验会告诉当事人，有“猫腻”的市场总是“厚实”不起来的，那对买卖双方都没有好处。因此规范市场的潜在利益会驱动规范进程。一旦规范市场的力量大到能够克服制度变迁中的“搭便车”行为时，资本市场就可以做到在发展中规范、在规范中发展了。

在这个资本市场的规范过程中，最重要的动力机制是那些“吃亏”的一方要保护自己的利益，然后经过一个公共决策的过程来建立保护产权的制度。因此，为资本市场立法要从“根”上下手。这个“根”就是良好的财产权利的界定。界定清楚的权利产生可预期的收益，可预期的收益驱动人们保卫权利，权利和权利的平衡才能产生规则。我们这里最大的问题是，在初级的资本市场里以“公有制”名义包装的“糊涂产权”（比如赢了归代理人，输了归“公家”）占据着“主导地位”，而得到良好界定的产权与之相比势单力薄。现在主要问题恐怕还不是要不要规范，而首先是资本市场规范的基础。我们的公有制企业如果不经过脱胎换骨的改制，资本市场就没有规范的基础。在目前的产权基础上强加许多管制，可能“寻租”活动增加，而市场秩序和纪律还是建立不起来。

最便宜的企业家和最昂贵的企业制度

公有企业中的人力资本定价问题，在我看来是改制的入手之处。企业不光是物质资本，更重要的是物质和人力资本的结合。常可以看到这样的现象：企业还是原来的企业，但是换了一个企业家，企业的面貌大变。这说明企业家的才能起着十分重要的作用。所以改制中承认企业家的人力资本并为之定价，是一个很普通的经验。它有点像农村包产到户，公开报道很少，但底下到处在做。有许多问题对我国今后经济发展会有重要影响，有许多问题值得提出来讨论，给企业家定价就是其中之一。

实践提出的问题

在南方不少地方，如杭州青春宝集团就提出了这个问题。冯根生是能力很强的企业家，这个企业做得很好，很有贡献。中外双方的董事，共同决定把青春宝的一些股份卖给员工和企业家，包括卖给冯根生本人，董事会允许他买2% 的股份，相当于300万元人民币。这件事引起很大讨论，冯根生本人也提出一些问题，如用什么价格来买，是原来股票发行时的价，还是现在的价？同时，他没有那么多的钱。我们社会主义企业的经理人员报酬都不高，一下子掏出好几百万元，没有那么多的钱，就是有也不敢拿出来买股票，我们有许多法律管着呢，哪来那么多钱，得说明你的收入来源，否则是一项罪名，此外还需纳很高的税。

河南有个县，叫巩县，它的问题有点不同。那边有个企业，叫兴旺集团，当年它是厂长(现在的老总)办起来的。开办的时候，同我们看到的很多乡镇企业和公共企业一样，它要戴一个帽子，要利用当地政府去给它提供当时条件下非有不可的合法性，如注册登记，包括银行的借贷，但实际的事都是这个人做起来的，做得很成功，愈做愈大。现在他提出问题说，这个集体企业是假的，实际上是我的，是私人企业。当地政府说，这种说法绝对不接受，这企业不是你的，这里有法律文书、注册登记为证，这是集体企业，是大家的。这个纠纷闹得很大，已见诸报上的公开报道。

如果下去走一走就可发现，这类问题非常普遍，我们有相当一部分企业，它的原始物质资本是通过很多办法筹集的。一种叫集资，但这种集资与规范的投资不一样，它集资时，你先拿出资金，它用一段时间后连本带息还给你，有时光付本。这样，企业的原始资本就查不清楚了，然后这个企业就越滚越大了。更多的企业是借贷，有时是有关部门打个电话，或拿个手写的条子，就到银行去借钱，借来钱就办企业，办亏了就拉倒，成为银行的呆账；办好了，就滚出一个很大的企业来，这种情况城乡到处都有。最近改革中，都提出了这样的问题，四通提出了这样的问题，联想提出了这类问题。苏南原来号称是集体经济的模式，前年开始，也提出了这类问题。

难题之所在

大量提出这类问题：公有企业的财产究竟是怎样形成的？或者，在企业工作的企业家、高级管理人员、普通员工有没有贡献份额？如果有，那么有多大？改革的实践要求重新界定。这个问题成为当前很大的问题。我接到北京市有关科技部门的委托说，中关村这么多企业要求分清产权，你们能不能设计一个模式，提出一个公式，只要输入有关资料，就会有一个结果。我对他们说，这样的模式恐怕设计不了。

不过，问题总要解决，很多地方一些很好的企业，就会因为分的问题，形成了一个僵局，僵在那里就有麻烦。还有些企业老总像鲁冠球、徐文荣等人，比较有控制能力，他们从实际出发，认为公有这个东西不能一下子改。我们同他们讨论：为什么不能改呢？他们回答说，你把企业停下来讨论企业怎么分，那么生产就要垮，所以他们一开始总是说公有制不能动。从他们的角度来看问题，不能把人们的精力引到怎么来分已有的财产，因为实际上很难查得清楚。我们也提供不出一个公式。这些现象大家也许多多少少都碰到过。那么，这些现象到底应该怎么来看，怎么来讨论？

谈谈我的看法吧。中国国有制企业非常特别，它特别在哪里呢？它的企业在构造的时候，没有一个原始性市场合约。在市场经济条件下，企业是一组极其复杂的合约。我是相信契约理论的，一开始就讲清楚，你拿多少合同报酬，工人也好，其他要素也好，土地也好，银行贷款也好，你的上游原料也好；还有产品卖出去，都是些合同，它是一组合同，一组合同就构成一个企业。而我们公有制企业，无论是国有的，还是集体所有的、地方政府的，很大程度要打上引号。国有企业的要害问题就是它一开始就没有合同，解放军占领南京，国有企业就有了，这跟剥夺剥削者有关，以后又经过社会主义改造，改造完了后，把原来的合同完全都废掉了，没有用新的合同去替代，变成了公有企业，所以我们的国有企业的基本性质不是一组合同，它事前就没有讲好。可以调查一下，我们任何一个乡镇企业，它都没有一个原发性的合同，其中事前说好，将来办好了怎么着，办不好怎么着。等到10年、20年过了以后，再倒过去讨论产权怎么分，我直觉反应，这几乎是不可能的，是讲不清楚的。因为所谓的分产权就是分剩余收入，市场给的价格与你原来讲好的合同收入综合之后会有一个差额，这个差额可能是正的，也可能是负的，也可能是“零”，即持平。所以剩余这个东西是与事先的企业连在一起的一个概念，如果你没有原发性合同就没法定义它的剩余。而公有企业都没有原发性的合同。虽然城乡公有企业都有财产，但没有原发性合同，所以很难找到一个根据。这是天大的难题。

当然实践中并不是没有办法。农村包产到户按人头来分，或按人口、劳力比例来分；前苏联的办法是按每个成年公民每人多少来分，一人发一份私有化券，根据一致同意原则，把企业财产分掉。大家都接受，但这是另一套准则，而不是交易准则，这种政治准则不能代替交易准则。从交易准则看，还是没有办法分这个东西，所以这是公有制产权改革中非常难的一件事情。实际上，最后像前苏联、东欧国家那样，只好按人口平均分，按成年公民分，每人多少。这种分法实际上已经侵犯了或侵蚀了原来事实上的产权，因为公有制企业在形成时每一个要素对它的贡献是不一样的，按人把它平分掉，就侵犯了其中一些人的产权，虽然这些产权讲不清楚，拿“平均”这种办法去分它，它会在另一个方向造成社会损失。所以我第一个回答，各地分财产，讨论股份，讨论怎么分，有很大的困难。严格讲，你要找到一个从市场交易来看合理的分配根据，公有制企业的性质就决定了它没有办法分，找不到这个东西，这是我的第一个看法。

再难也要转向合约基础

没有办法分，但是还是要分。为什么还要分呢？因为等于我们今天在订面向未来的合同，如果我们再不解决分的问题，对明天来说，它还是没有一个合同的基础。所以今天把所有产权清晰化，把产权改革看成是重新创造一个合同，就在原来非合同的经济基础之上开始转移到契约、合同的基础上。这个问题愈往后拖愈麻烦。几十年来的改革历史已积累了一些经验，这些经验是什么呢？就是有些新的要素（资源）进来时是可以签约的，特别是公有制企业，它原来的工人是由政府的劳动局分配来的，上面分配毕业生进哪家厂，就进哪家，它同劳动力商品买卖没关系，但它可以在中途经过改革，新的资源进来时可以给它订合同。

如1984年后，中国在国有企业中推行合同工制，下岗工人对企业的压力完全不同。对1984年进来的新的合同工，问题比较好解决。因为进来时就讲清楚了，你到我这里做合同工，这个合同在什么情况下可以解除；解除后，你可以得到什么福利，一年加一个月工资，诸如此类。而老工人问题就很难解决，因为老工人开始时没有合同，他拿很低的工资，他的退休金、福利、保险都在企业里头，现在企业要破产，要并购，这个问题非常难解决。新的合同工很好解决，你说不行了，他就另谋高就，因为他进来的时候就讲好了，双方同意。新的要素关系，一部分合同要素进来时，是可以签合约的。

现在产生一个非常复杂的关系，就是一部分非合同要素关系。我理解，1998年以来在底下搞的，要试图扩大合同范围，特别是对存量——原来企业的资源在非合同基础上产生的资源——怎么把它合同化。这有点难，因为它不是面对新的东西，不是新人新法，如今后请经理来，就和他订好合同。我们原来的存量相当大，这一块东西如果不改，新的东西也坚持不了。两块东西拼在一起，没有办法形成一个统一的逻辑，形成企业管理制度的约束，对人们的影响仍然很畸形，两种东西，非合同的一组要素关系与合同基础上产生的要素关系混在一起。

存量改革提上日程

在改革原来的存量，改革原来非合同关系的存量时，就把问题提到日程上来了，明明是很难分的，要我说是不可能分清楚的，但也要分，这是非常有意思的。从我接触到的案例来说，人们正在实践中解决这一很难解决的问题。我们在上海、山东、山西做了些个案调查，各地在自发地找办法。如上面提到的青春宝集团，董事会经过讨论，一致决定冯根生可以买2% 的集团股份，但老总（冯）不买，这是一类；另一类，公开说这企业是我的，公有是假的，这样的例子各地都有，材料非常丰富。在这多样化的解决过程中，有一个趋势我觉得是值得注意的，这就是：大家现在开始不是面对过去，面对存量来解决存量问题，而是面向未来解决存量问题。这句话很抽象，不好理解，我通过例子来加以说明。

很多地方怎么做呢？就是搞股份制或者是股份合作制，它的基本做法是把过去的国有独资企业，或把原来的公社、乡镇所有企业，经过我们已经生效的公司法，把它改成有限责任公司，规模大一点的叫股份有限责任公司，这一改非常重要的是增加了新的自然人的股本。自然人有三大类：第一类是经理，或经理群、老总、经理人、高级职员，有的搞得很窄，就是一个人，他们把持有的一大部分股本放到新的有限责任公司里边去；第二类是企业内部工人；第三类是募集的社会持股者。

为什么我们说这是面向未来呢？因为在这种改制的过程中，我所看到的案例，大家都是把重点放在想这个企业将来会怎么样，它通过购买股份来解决产权界定问题，如上海纺织行业几家国有工厂。我非常看重这些例子，认为意义重大。纺织行业现在是最困难的行业，这一点与农村改革经验有类似之处，非常困难，困难得不行了，它就会有办法。结果上海产生出一些重要的案例。企业家、经理人员，先拿出一笔钱来买股，买股是向企业投资，这等于新的合同，这合同是面向未来的，买股是看将来回报会怎么样，将来有什么收益，将来有什么权益，而不是讨论过去。

面向未来界定存量

在这样做的时候，在面向未来时，也有助于解决过去的问题，这句话怎么理解？你叫他买，少了是不管用的，多了就是青春宝的问题，让他买300万元，他要拿得出300万元来。上海国有企业家拿出10万元就显得很紧张了，要家属共同签字，但10万元对300万元来说，还是太少。要把数量扩大，就会碰到一件事情：他买不够必要的份额。这时就产生了一个非常重要的飞跃：公司借钱给你买股，你自己拿10万元，公司借你10万元，有的地方你拿10万元，无限责任负担，等于是借线给你。但这个借钱合同很特别，这笔借到的钱不能用作消费，只能用于买股，只有收益权，有收益的时候必须先用来还本付息，借钱时是有利息的，利息等于银行的利息，过若干年后还清了借款，股权就是你的了。

这个游戏规则在中国产生了。我们在上海、山东、广东都可以看到。我问公司你们现金这么紧张，你拿什么东西借给他？回答说，借给他的是公司的存量。公司名义上划出一块存量，但解决的方式不像前苏联按人头分，也不像我国各地，制定出各种各样的指数，定出来不是为了平分，而是让你入股、持股、买股，只是当你买不起时，我借给你，这个关系我觉得很根本。包产到户与前苏联的平分不同，它不是拿一个简单的方式、简单的标准或简单地一致同意把存量问题解决了。它是签了一个新的合约，所以订这个合约时，当事人都睡不着觉，回家讨论。他要负无限责任，借是要还的，要抵押，要通过法律公证，这时他考虑什么呢？他考虑的不是他到公司多少年了，他过去的劳动贡献多大，所以他应得到多少，而是考虑将来他当厂长、经理、副经理或总会计师时，这个企业有多大的盈利可能？因为有盈利，将来才能还本付息，才能兑现债务合同，所以这是在考验他有多大的能耐，多大的承担未来风险的能力，能不能承担企业未来的责任。这一游戏规则非常妙，它想的是将来会怎么样。它不是考虑过去，不是讨论你来了几年、劳动多少、出勤情况、受过奖励没有、受过处分没有，这个本质是面向过去。我们现在看到的是要求经理持股，钱不够借给你，在买、借之间他所有的注意力都集中在将来，市场会怎么样，盈利可能会怎么样，这是很有意义的事情。通过这种做法，新的股权出来了。

最精彩的是什么呢？有名的衬衫厂家海螺公司，它的销售公司首先改制，因为现在销售公司好坏对企业有决定意义。它的江苏销售公司女经理个人持股，买了100万元。问她哪来的那么多钱，她说前几年搞了改革，销售产品有折扣，前几年赚了很多钱，都放在公司里，这次全拿出来了，钱还不够，公司还借给她一笔钱。我问公司哪来的钱借给她，公司说，借给她的是十几万件衬衫，衬衫就是流动资产，你把它卖掉，折扣率拿过来，你就有了还本付息的能力。通过这种生产性活动，就把改制问题解决了。换句话说，这是改制中制度变迁成本最低的一种方式。

从这里我得到一个启发，在企业改革中应想法把大家的注意力引向企业未来的收入流，存量也好，收入也好，博将来的东西，要使所有人面向未来。而前苏联式的平分式改革，其错很可能不是因为分掉企业，不是因为界定人们的产权，使产权清晰化，这没有错。错在什么地方呢？错在把人们的注意力引到去解不可能解的问题上。如果现在还有一定生产力的企业也这样去做，一定会破坏生产力。

回过头来再说海螺的例子。十几万件衬衫销掉后，用折扣赚来的钱，还清借的债，这100万元就是我的了。在实践操作中提炼出来几个问题可以进行讨论，如为什么是100万元，为什么不是50万元？这是一个问题。第二个问题是他出多少，你借给他多少？这是极其不同的风险分布，最好的是你出10万元现金，我出10万元存量，这对公司来说比较合算。将来你即使出问题，我输的也不会太多。比较危险的是他出很少的钱，你借给他一大笔借贷持股，在总股本中这三种比例关系我觉得大有研究的价值。现在我手上的案例太少，上海的做法，经理群体持股为5%-20%；山东可占到总股本的30%-50%，甚至更多。从借贷比例关系来看，有 1：1 的，有 1比若干的，甚至有 1：50 的。我觉得做研究的要讨论，这里头由什么东西来定，什么规则在里头起了作用。我想理解的是实质，人们在决定这些“率”，你出多少钱，我借给你多少钱，利率是多少，多少年还清，这些都要讨论，结果把制度的改革完全变成讨论价格问题，把改革非常平滑地转移到讨论怎么定这些“率”。

把问题转化为价格问题

定“率”，经济学家就有用武之地。定“率”，本质上在定什么东西呢？所有这些率都是在定价。我主要的看法是，企业里最关键、最要害的是企业家，企业中非常重要的是人力资本与非人力资本之间的合同，工人有人力资本，技术人员有人力资本，而最重要的是对企业家人力资本定价，而不是在定机器的价，不是在定银行借的钱的价。在实践当中，公和私转变成了入股，转变成了“率”，你出多少，借给你多少；什么时候还，风险怎么样，变得很好操作。我觉得这是非常重大的变化，因为对企业家定价很难。

企业家能力定价，人力资本理论中还缺乏这个概念。把一个经济当中用于教育、培训、健康的费用看成投资。由于这些投资，提高了人的素质，然后把这些高素质的人投入到生产中去，这可解释一部分生产、劳动、土地、资本对产出有影响。投入多少劳动，这是一个量的概念。它忽略了“质”，质量会影响国民的产出，质量可解释一部分产出，这证明人力资本的存在，把花在教育、健康、培训上的钱看成是一个投资量，然后再看成是人力资本的投资，对经济愈来愈有影响。

把人力资本移到企业家身上来，又遇到很大问题，就是因为它同企业家的概念联系在一起。企业家概念目前没有统一内涵，企业家要创新，企业家对未来的盈利机会特别敏感，所有这些描述都是在描述一种能力。企业家最重要的能力就是决策的能力，这种决策当然像奈特所说，在不确定性的环境下，在市场中，生产什么、生产多少、用什么技术等，这种能力与人力资本联系起来有很大困难，因为企业家的能力，无论在美国或中国的经验中看到的，不是用某种东西换来的，不是因为他上过学，或者受过某种训练。

能力有权收租金

企业家能力有些时候是天赋的，它像矿一样，分布不均匀，而不是同教育联系在一起的。如王永庆，你用人力资本来衡量很小，他是小学六年级，鲁冠球小学六年级，徐文荣小学六年级，还有其他人，但他们的企业家能力很强。企业家有直觉，这没有人讲得清楚；企业家的直觉能力无法用人力资本来衡量，这与先天有关，是自然垄断。这里有一种租，不能给它定级，定多少工资，近似运动员、明星，不能用剩余价值理论去解释。企业家类似于“星”，他的天赋、机会得有人去开发，所以一般定价理论不能用来讨论企业家定价问题。

在讨论定价问题时，要区分两种收入：第一种是合同性收入；第二种是企业家收入，它不是合同性收入，是承担剩余。我们的计划体制、公有制，最要命的是不区分这两个东西。照例行说法，大家都是国家雇员，所以人人都拿合同收入，结果一破产就是国家破产，所有人都不管这个东西。我们给企业家的报酬很低，虽然这是天下最贵的东西。而我们的企业制度，成了天下最昂贵的企业制度，大量亏损，没有人对创造剩余感兴趣。

年薪制不是等级制，它是一个剩余概念。农民就是年薪制，做完了才知道是多少，事前告诉你讲不清楚，这是企业家收入的一个原则。那么讲不清楚，你的收入怎么建立呢？这就是剩余，你支付所有合同性收入（支出），你组织生产过程，然后卖到市场上去。如果市场认你，你的收入比你合同性收入（支出）多，这样剩余就出来了。这是企业家定价机制中非常重要的问题。如果不同利润挂钩，它的激励机制调不通，这是第二个与企业家定价有关系的问题。

与股权挂钩势在必行

企业家能力定价的第三个问题就是与股权挂钩。现在要经理持股，开始我借钱给你，但这个企业家到底有多大的可靠性？这时你只能根据过去的信息来判断，它不确定。

第四个问题，能否考虑在中国这一波改革中把期权概念引进来，做期货，给经理人员定个任务权，这在西方公司里是一种非常普遍的奖励办法。给你签约年薪多少，在职消费权利多大，同时同你签任务权，这是非常有趣的面向未来的游戏，中国现在也开始碰这个东西。期权怎么做呢？经理来的时候我同你定一个期货、认股权，比如企业今年每股1元钱，我先告诉你，你有权买3年后的100万股。什么价？还是每股1元。为了支持3年以后的100万股，有两种做法，一种是先付2% 的定金，像真做期货那样，先付5% 或不付，构成对你的激励，3年以后企业增值了，你想会发生什么事情？如果每股变成了2元钱，你还是有权按1元1股买100万股，没钱没关系，卖掉一部分股权，就有钱了。激励机制在什么地方？你一定要想方设法使企业增值，增值愈大，赚得愈多，你将来的好处就愈多。这合理不合理？合理。为什么？因为1股1元钱变成1股2元钱，不是天上掉下来的，这要做好努力，其中包括经理的努力。这个风险要有回报，但总有一部分要给经理人员，这个机制的好处是现在拿出5% 的资源量，就可以建立一个100% 的预期。

社会主义企业的经理都没有钱，在大规模的改制当中它的矛盾在哪里呢？持股少了不管用，持股多了没有钱。现在我集中考虑这类问题，这是对企业家人力资本定价，因为企业是面向未来的，企业家考虑问题也是面向未来的，所以企业家定价机制也可以搞点未来，只要考虑的是未来，我们这场制度变化的成本就可能节约。

这一机制新鲜在什么地方呢？假如3年后每股变成了0.9元了，怎么办呢？你可以买100万股，当然你肯定不会买。不买，你的定金就没了。如果你把企业做坏了，等于是你预付的完全就没了，如果这样的话，下海20万元或50万元（经理拿出来的）他就可以有一个杠杆。如按5% 算，3年后就是上千万持股，这个东西只要转到非常理性的基础上来，怎么计算这个“率”就好办了。如果你把它变成一个模模糊糊的姓“社”姓“资”，经济学家就没有办法了；要是转移到理性基础上来，现代公司文明中的大量东西就有用了，它就可以把大量东西变成一份合同，或变成一组合同。

还有一个问题，我在研究中发现，现在所有做法都是自发地在做，缺乏中介。中介，一个是方案中介，另一个是金融中介，因为这个转移当中是要动用资源的。借钱，向公司借钱，有时完全花资产不能解决问题。20世纪80年代美国非常流行的 MBO(管理层收购）有没有可能引进中国？ MBO 就是说，刚才的游戏已经初具规模了，再加个中介进来，这个中介干什么呢？它是来挑什么人当企业家的。它借钱给你，支持你，让你在公司中搭股，借钱后，你就拿红利还它。它赌的什么东西呢？它赌的是看人对不对。看准了放进去，给你融资，叫你完成经理人员持股。这种持股不是小股，甚至是控股，所以它不是国营控股，而是经理阶层控股，把原来的上市公司变成大股东控制。

中介机构有时会很有效，这里需要大规模融资。中介机构必须有融资能力，这是第一；第二，它有很强的识别能力，它不断地在市场上挑，什么企业家的潜力没有发挥出来，研究为什么没有发挥出来。我们老以为股份制加强了董事会的控制，董事会加强了对经理的控制，企业盈利就会增加，我们的逻辑就是这样。但有时情况相反，董事长的企业家才能比老总才能低，但董事会控制总经理和高级管理人员。好多投资计划董事会不批准，一旦发生这种情况，这家公司的潜力就没有发挥出来。金融中介就做这个文章，他发现这种情况就去找老总谈，我给你融资，你把公司控股权买下，买下后公司就听你的了，你来作决定。你不但当日常经理，而且你来作决定，重大的投资决定。做对了，这个公司整个表现会极其不同，这是一个办法。一般情况，这种融资的利息不是普通的利息，是很高的，而且还有很高的手续费。更重要的是，它借钱给你，让你控股，同时它放一个小股进去，搭便车，这个回报是很大的。

现在中国的钱借不出去，不敢借出去。过去借得出去，是因为借的钱是可以不还的，所以放心借；现在不行了，借钱是要还的，所以贷不出去，但要借的人又借不到。投资从一定意义上说是对企业家的投资，20世纪80年代美国 MBO 做得很热门，做得很新，不断地做，大规模地做。我的看法，企业制度在不断创新，早期是个人既当小老板也当经理，到20世纪30年代变成所谓的两权分离，投资者与经理人员分离。现在，经过 MBO 出现这类企业，我看完全是新的企业类别。这个类别是经理因为有能耐，所以他成了大股东。经过金融中介，我们国内有一类企业，也包括民营企业，就有这类问题。股权太分散，每年开股东大会，经理层胆战心惊，一旦出现一个相对多数，就可以颠覆你。这个结构并不利于把企业潜力发挥到最大。如果这个企业老总是企业家，人力资本存量最大，这时如果金融中介进去，替他融资，让企业家才能存量最大的人持有大股，它的结构就会很稳定，投资行为的长期预期就会改变，这些问题也是我们企业家人力资本定价研究的东西。

第三辑 国企改革那些年

国企改革是城市领域经济改革的重点。1993年的十四届三中全会提出了进一步转换国有企业经营机制的要求，启动了建立适应市场经济要求，产权清晰、权责明确、政企分开、管理科学的企业制度改革。随着1998年国企因脱困而“抓大放小”“靓女先嫁”的中小型国有企业开始了产权清晰的改革探索，国有大中型企业则开始股份制改革试点。此后，改革过程中不断涌现的各种问题纷至沓来，其间围绕着国企改革的讨论深深影响到了此后的改革进程。

国资转让争议四起的经济原因

本文讨论几场影响广泛的争议。这些争议无一例外，都涉及国有资产的转让和定价。我认为要讨论的问题恰恰是这些争议本身。本文的发现是，争议四起的经济根源正在于国资独特的经济性质。由于争议四起，国资转让的难度可能增加，速度可能放慢，但是国企国资怎样适应市场经济的挑战，并没有也不可能因此就消失。

三场大争议

让我们先看最近一场争议。2006年3月，一年一度的“两会”召开期间，全国人大代表、中国人民大学校长纪宝成在人大小组会议上发表了“大中型国企海外上市导致国有资产严重流失”的谈话。据权威的人民网2006年3月8日上午9时14分发出的报道，纪宝成披露“至2005年底，在海外上市的近310多家中国企业的市值已经达到了3700亿美元……其中80% 都是具有垄断性资源的优质国有企业”。然后，纪根据“这些企业均是以低市盈率在海外上市，价格比国内资本市场同类企业价格低20% 以上”，宣布“1993年至2005年大中型国有企业在海外上市过程中，涉及国有资产流失至少600亿美元”。报道转述纪的评论：“这个数目非常惊人！”

当然非常惊人。试想不过十年之间，中国仅在海外上市的国企就被控流失资产5000亿元人民币。以金额算，这笔资产差不多相当于国资委宣布过的全部经营性国资净资产的16%。如果这笔资产没有流失并且被套现，那就至少相当于2005年国家全部财政收入的六分之一！是的，要是纪宝成的上述指控属实，非得引发一场9级地震不可。

纪宝成的惊人之见首先引起了学者的不同意见。中国社科院金融研究所易宪容在第一时间提出评论："企业上市后，机制改进了，市值增加了，却反过来说资产流失了，真是奇怪！"几天后，《香港商报》报道了国资委主任李荣融的回应——国资委尊重企业的决定，"到哪里去上市是各个企业根据自己的情况，企业是自主决策的单位，我们尊重它们的决策，它感觉国际上有利，就国际有利，它认为是国内有利，那就国内有利。"同时，李荣融直言不讳："我的观点认为还是先国外，然后国内，主要是我们的中央机构和地方机构需有一些国际经验。"最后他表示，"对于国企海外上市，国资委仍持支持态度，不会收紧相关的条件。"

同一天，纪宝成发表了反驳意见。"认为企业海外上市是市场选择，我觉得是站不住脚的"，因为"现实市场经济中，海外上市的企业个别利益与社会利益会发生巨大的背离，简单采取市场自由选择，势必会产生市场失灵的问题。因此，从国家战略利益的高度、从社会长期利益的角度，对大规模盲目海外上市进行干预和约束就是合理的"。此外，纪宝成还提到"企业股权过度国际化带来的问题"，包括威胁"发展战略安全""金融安全"和"产业安全"。就此，国企海外上市不仅引发资产流失问题，甚至是无法以美元来衡量的国家经济安全问题了(见2006年3月13日《上海证券报》)。

此后，卷入争议的学者、官员和大型国企负责人，他们对纪宝成的“国企海外上市导致严重资产流失”论，或赞成、补充，或批驳、纠正。国内外媒体大量报道了这场争议中各方的不同意见和论据。一家网络媒体还不失时机地进行了民意调查，在面对“你认为国企海外上市是否造成国有资产流失”问题时，认为“造成国有资产流失”的占75%，认为“市场价格是合理的”占14%，选“说不清”的占9%。

其实，这场围绕“国企海外上市”的争议，是2005年“国有银行海外上市是不是被贱卖”争议的继续和扩大。是年中国建设银行完成境外上市，中国银行也引入国际战略投资机构并准备到境外上市，期间有关国有银行股权转让的数量与价格、国有净资产的溢价水平、IPO 价格以及上市后建行股价变动的含义等一系列问题，都引起过公开的争议。所有批评集中到一点，就是“银行贱卖”——“贱卖”者，国有资产流失也。

这些批评引起了央行、银监会等主管机关、中银、建行负责人以及一些学者的回应。其中，中央汇金公司总经理谢平的解释最为系统。谢平说，把部分国有商业银行的股权卖给外国投资机构，有一个明确的、不可动摇的前提，那就是中国保持对这些银行的绝对控股权——不是51%，而是66% 以上。在此前提下，引入外国战略投资者，希望带来治理结构的改善，带来新的技术，带来管理和风险控制。至于是不是贱卖，要看到引进战略投资人在先，IPO 上市在后，如果投资人不冒风险进来的话，IPO 价格也不见得会像后来那么高，所以，不能说因为这两个交易环节存在差价，就认为是贱卖。具体说到美洲银行和建行谈到最后一天的时候，它出的价高于当时花旗愿意出的价，当时又没有别人出价，在这样的情况下我们决定卖。最后为什么不在国内上市，主要就是等不起，因为不知道股改什么时候完成，也不知道排到什么时候可以上市。加上国际上透明度的标准、监管标准对我们大股东来讲是有利的（谢平讲话是一个网络版，如果引用不准，由笔者负责）。

相比之下，2004年以后那场围绕地方国企改制的争议，反倒显得像一场茶杯里的风暴。是年夏天，郎咸平高调指控海尔、TCL和科龙等三家公司的改制和兼并重组是“侵吞国资”“国有股权的稀释和转移”以及“瓜分国有财产的盛宴”。虽然这三家公司中的两家是“大集体制”（海尔）和“乡镇集体制”（科龙）的企业，但这并不妨碍郎咸平把问题升格为“所有产权改革都在侵吞国有资产”，并主张“结束国退民进的产权改革”。

上海、北京两地一批教授、研究人员或联名发表声明、或上书人大、或举办研讨会声援郎咸平。国资委领导人叫停大中型国企的管理层收购，并出台“不得向管理层转让股权”的政策文件（一年多以后“松动”这条禁令，又引起一片批评）。包括吴敬琏、张维迎和笔者在内的部分研究者则不同意郎咸平的轻率指控。我的回应主要批评郎对三家公司缺乏最基本的第一手调查研究，并指出所谓“郎顾之争”根本没有什么学术内容，而是一个司法问题，即如果三家公司的改制重组确实存在“侵吞国资”的问题，就应该依法处置被控方侵吞国资的行为；如果指控不成立，则应当处置控方诬告。

问题和困难所在

这三场争议涉及同一个问题，就是国资的转让和定价。为了认识问题所在，我想先问一句：资产转让在市场经济里非常普遍，应该无日无之，为什么偏偏涉及国资，就一而再、再而三地引发大规模的争议？

比方李嘉诚差不多每天都在买卖资产，盘进盘出的，从来没听说有什么争议，尤其不可能引发把许多人卷进来的争议。真要有人发现李嘉诚“贱卖资产”，那还不是好机会，哪里还有功夫忙于指控？

当然如果处置资产的主体是公司，也可能因为成员的不同意见而对资产的转让和定价有分歧。比如这次英格兰皇家银行入资我们的国有商业银行，它的董事会里也有不同意见，股东们更有不同意见。他们的意见当然不是中方贱卖，而是苏格兰银行这次“买贵”了。不过他们有公司章程，也有一套程序来解决股东之间、董事之间对资产转让和定价问题的分歧，无非就是审议、投票、决策。少数意见被否决了怎么办？可以心怀不满，也可以把自己那份股权卖掉了事，就是不需要没完没了的争议。英国报纸也有报道，不过一篇消息也就够了。

有了这样的参照，我认为“争议四起”本身就是问题。问题的根源在于，这里发生转让和定价的国资具有特别的性质。最主要的是两点：（一）国资在法律上是属于全体中国人民的财产；（二）全民怎样充当国资的主人，怎样履行资产主人的权利和义务，从来没有一套清楚的章法。

先谈第一点。国资属于全体人民，法律上这样写过——事实上也没有、或不可能有其他的表述。但是，国资形成于那样一个历史时代，就是任何公民作为私人都不能合法拥有生产资料。国资当然是生产资料，因此，全体人民只能作为一个不可分的主体，共同拥有国资。这与现代股份公司不同，股份公司的共同财产来自每个个人股东具有清楚权属的私人财产。

中国的国民人数早就天下第一，而全民的范围又在不断在变化——中国人不断有生有死，还不断有人从未成年转为成年。这样一个人口数目极其巨大、组成范围不断变化、在财产权利方面又永不可分的主体，究竟怎样履行自己作为全民资产主人的职责呢？

这就带出国资的第二个特征，那就是从来没有一套清楚的章法。没有的原因，不但是因为从社会主义改造到改革的历史环境充满动荡和变数，国资的管理体制一直没有稳定下来，而且是因为不可分的“全民”，在事实上不可能具有实际的行为能力，因此也不可能对“主人行为”有任何清楚的界定。章法者，行为的清楚界定也。主体的行为难以清楚界定，章法从何谈起呢？

其实，国资从来都在政府和政府部门手里，由政府官员实施管理。是好是坏，历史功过可以任人评说，但这就是国资的实际产权状况。套用现代经济学的术语，国资是由政府代理人管理的资产。问题是，委托人何在？在历史和现实中，究竟委托人——全民——怎样实施资产委托，怎样监督委托的过程和结果，代理人又怎样接受委托，要负什么样的责任，怎样在代理过程中被监督？这些问题的答案，从来付之阙如。这也是我认为“委托－代理”模式在研究国企国资方面难有用武之地的原因。

困难就在这里。国资在法律上、在公共意识里属于全民资产，但是实际上又从来由政府部门和官员打理。在国资的法律所有者与实际管理者之间，从来没有形成清楚的章法界定委托、代理、监督的权利和责任。这是国企国资非改不可的理由，也是国企国资难改的原因。

为什么过去没有争议？我的理解是在计划经济时代和改革早期，国资转让还没有提上日程。国资原来无须转让，因为向来通过行政指令调拨。一个国家项目放在广州，还是放在北京，不需要谈判、协议，更无须定价。其实过去很多有关国资项目的决策，背离经济规律，资产早就贬值，或者说早就“流失”，但是“肉烂在锅里”，没有市场价格的显示，想看也看不出来。

另外一个原因，过去有关国家投资的不同意见限于高层和内部，几乎没有公开报道。发生了什么事情都不知道，哪里会有不同的看法和争议呢？

由来已久的困扰

走市场路线，资产转让和定价的问题无可避免地就要提上日程。可是由于上文讲到的原因，国资的转让和定价又面临与生俱来的困难。道理在于，资产转让涉及资源使用权和收益权的永久性变革，不同个人的估值差别极大。现代股份公司是以私产为基础的公产，个别股东与其他股东看法不同，可以按照公司章程处理歧见，更可以“匿名退出”——卖掉自己的股份而无须其他股东的同意。国资是历史上消灭私产基础上形成的公产，“主人”之间对资产转让的个人估值不同，既没有消除分歧的程序，也无法选择退出，麻烦就大了。

其实国资转让的困难，早就在改革中出现了。不过早年的办法，可能是深知问题的重大和困难，采取的是躲避或回避的策略。以中国股市为例，举世闻所未闻的“股权分置”或“部分股权不流通”究竟是从哪里来的？答案简单，就是为避免“国资流失”而来。想想看呀，上市的国有股一旦流通，市价涨了好办——国资保值增值——可是一旦落价，特别是落到低于发行价、甚至低于净资产值的水平，又做何交代？回头看，当时的选择也实在聪明：国有股干脆不交易，免去天天跟着股价涨落吵“流失还是不流失”。问题是，小聪明酿成另外一个大问题，到今天还没有解决完。

再看国有银行庞大的不良资产。这里我们不讨论为什么发生了那么多的不良贷款，而讨论已经发生了的不良贷款为什么没有得到及时处置，非累积成一个天文数字，才集中解决？答案也简单：已发生的不良贷款一旦处置，价值损失就浮到表面，人人可以看见。不处置呢，因为账面资产价值不变，谁能说“资产流失”呢？这也解释了划归资产管理公司的银行不良资产，处置起来为什么困难重重。先是搞“债转股”——那么硬的债权都得不到履行，转成了“很软”的股权，还不等于给负债国企“永久发免除财务成本”的红利？等到资产管理公司按照国际惯例把不良资产打包重新定价，争议就开始了！

这说明国资转让和定价的困难来自国资的基本性质，不是技术性的权宜之计可以对付过去的。比较而言，郎咸平公开声明反对国资转让、要求退回“大政府体制”，在逻辑上还有一致性。纪宝成的言论却存在也许论者本人都没有意识到的悖论。因为纪指控“国企海外上市至少流失资产600亿美元”的根据，是海外资本市场的市盈率低，国内股市的市盈率高，两率之差导致国资严重流失。问题是天下多个股市之间的市盈率总有差距，今天你选市盈率最高的地方上市，明天别的地方变成最高，你要不要跟着转？你不转，纪校长就要批评资产流失。来回转移吗？那就不叫上市，而只能叫“跳市”了。讲到底，除非天下存在市盈率永远不变的市场，否则怎样做也难逃资产流失的指控。

国资不转让的代价

那么，国资不转让有没有代价呢？要是不转让也管得好好的，也能够为国家的强大和人民福利的增长不断做贡献，大家为什么不赞同国资不得转让的主张？倘若国资不转让，就没有定价的麻烦，自然也就没有什么资产流失不流失的争议。

问题是，国资不转让也有代价。明显的代价就是那以万亿人民币计的国有商业银行的坏账和问题贷款，国有企业的经营亏损和资不抵债。认为国企国资不改革、不重组、不转让，资产就没有流失的见解，不是无知，就是欺骗。难道还要年年月月日日靠“吃了财政吃银行，吃了银行吃股市，吃了股市吃土地”去对付吗？那些资源，难道不是全民财产，就可以白白耗费而无动于衷？

国资不转让，就要放弃转让带来的全部收益。放弃的收益是什么？就是成本和代价。实不相瞒，我自己对政府保留控股权、仅把小股权转让给市场的模式有保留和怀疑。但保留归保留，怀疑归怀疑，只能留待进一步的观察和验证。对于在海外上市的国企，行为有改变，管理有改善，机制有变化，这是所有观察者有目共睹的。从企业的角度看，资本引入的同时带来技术、管理思维和公司治理结构方面的进步，当然是海外上市的重要收益。不转让，这些收益统统没有。就是国内上市公司，问题累累，多少股民欲哭而无泪，是事实。但是与传统国企比较，也不可同日而语。在传统国企体制下，我们作为财产主人，知道总共有多少国资吗？拥有权益凭证吗？看过报表吗？参加过决策投票吗？分过红吗？

就是争议不休，本身也是一项代价。人的生命有限，什么享受不好，非要争议不断？

减少争议之道

能不能减少一点无谓的争议呢？我以为难。在权利主体不清楚的限制条件下，一项选择的收益成本难以清楚衡量，经济问题非转化为公共政治问题。比如上文讲到国资转让有代价，不转让也有代价，原则上可能对，但是孰轻孰重，大家的看法又不可能一样，又要吵，还是免谈为上。

不过要是勉为其难，在思路上寻找减少争议之道，我还是可以列出以下三个方向来供读者参考。第一是治本之策，讲过了，就是干脆停止国资转让。事实上，只要转让的代价过大，特别是形成政治和社会的压力，国资转让势必减缓速度、缩小范围。这在局部上，已经是经验的事实。在这种情况下，就要考虑上文提到的“不转让代价”，并据此判断国资转让政策的趋势变化。

在学理上，也要考虑废止转让权的国资怎样运营。一个可能的模式是“免费开放的高速公路”，就是国资不作为经营型资产，甚至不收费，对所有国民开放。另一个稍加变通的模式是不要求国资增值，但可以收取一个营运成本保持资产得到良好管理并为国民提供公共服务，类似一个国家公园，对大众开放，好好管理，但不许盈利。不过很明显，目前仍然庞大的国资不可能全部进入上述模式。

第二个方向是规范国资的转让权。这里也有几个层面，一是行政性规范，就是由政府主管部门即国资委主导，以行政规章的形式对国资转让进行规范。二是把国资转让提交到人大层面，由人大立法并监督行政机构。三是公民行使国资主人权利的制度安排。这个方向也不可能直接解决国资转让的定价问题，但可以为国资的转让定价提供“程序合法性”。这个方向也要求争议各方提供建设性意见，因为无论哪一种规范都需要吸收大量信息。

第三个方向是近年我自己在调查观察中看到的，就是从国资的实际产权状况出发的改革探索。这里包含几个要点。首先，中国那样大，国资那样多，不能全部到国家一级来解决问题。十六大文件讲的“产权分级”是一个基础。就是说，最大量的国资由地方一级管理和决策，比如海尔的事情由青岛去讨论，相关各方接受就可以；联想的事情由中科院相关各方决定，不能因名责实，全部由全国人民来讨论。其次，国家一级的中央国有资产，由国资委管理，但也要经过一定可行的程序去决策。

总之，围绕国资转让和定价的争议四起，是进入转型的国资派生出来的一种经济现象，根源在于国企国资的经济性质。“争议四起”本身已构成国资转让的制度成本。在经历了地方国企大规模改制、中央国企成批海外上市之后，国资转让的步伐在客观上可能减缓，并需要时间来准备进一步完善规范国资转让和定价制度。从长期看，实践不会终止，探索还将继续。

科斯定理与国资转让

科斯在1959年写过一句斩钉截铁的话：清楚界定的产权是市场交易的前提。这是张五常版的“科斯定理”（与斯蒂格勒最早命名的不一样）。近来要对关心过的几个问题做一个“理论小结”，思前想后，非把“科斯定理”请出来不可。

“产权清晰”的试金石

科斯思想的影响，超出了学术的象牙塔。我们中国人可以见证的，是“产权清晰”或“产权明晰”这样的词汇，不但在改革文件里登堂入室，而且成为改革实践的口号。追根溯源，“产权清晰”来自科斯定理，虽然高举这一口号的人不一定知道科斯先生是何方神圣。

“产权清晰”讲多了，就出来一个问题：究竟何谓“产权清晰”？比如国有资产，不少人说“产权不清晰”；但批驳者说，国有资产就是国家的资产，清清楚楚，谁说不清晰？于是问题来了：说产权清晰还是不清晰，从哪里看？拿什么作标准？

我以为科斯定理的一个重要用途，就是点明“产权是否清晰，在转让中看得最清楚”。解释这一点的道理很多，我取比较直白的逻辑下笔：（1）任何转让——产权易主——要考虑代价；（2）任何估价免不了“主观因素”；（3）“主观”的关键是一个“主”字；（4）怎样界定“主”，转让就怎样进行。一句话，转让最容易“暴露”产权界定的实际状况。

国资转让的困难所在

让我们拿国有资产试做分析吧。是的，我们很容易说某家工厂是国有企业，也很容易说某家银行是国有银行。查查书本，国有资产的定义是“政府管理的全民财产”，也没有什么不清楚的地方。只要政府派员使用、占有和管理国有资产，承担经营损益，国资的产权是清晰的。

但是，一旦发生转让，模糊就随之而来！譬如要把一家国有工厂卖掉，该怎样进行？我们知道，“卖”无非是取一个代价而放弃资产的产权。问题是：取多大代价才“值”得放弃产权呢？答案是，要资产之主自己来判断。简约一点，“可取的代价”多于“不放弃产权的收益”，对于卖者就应该“值”了。

困难在于，以“可取的代价”来比较“不放弃产权的收益”，离不开“主观估计”。在经验上，我们知道天下是有“饱汉不知饿汉饥”这回事的，而饿汉要“知”饱汉恐怕更不容易。同样一碗米饭的“使用价值”是多少，以多大的代价得之或弃之才“值”，饿汉饱汉的答案截然不同。就是说，评判价值离不开主观性。离开了“主”之“观”，市场交易无法进行。

要出售国有工厂，值或不值可问谁？问“国家”吗？国家差不多都是一套行政机构和相应的工作程序。哪一个政府机构经过何种程序可以代表“国家”决定对一家国有工厂的“主观估值”？是工厂的主管部门？是国资管理机构？还是被授权经营国资的机构？答案是都可以，只要有明确的规定。但是倘若进一步问：这些机构里有许多工作人员，谁的“主观”才可以代表那个机构，进而可以代表“国家”？想来想去，没有一个好答案。

转而求助于“全民”吧。在法律上，国资属于“全民”，遇到主观定价这类难题，问问“最终的主人”如何？答案是无“人”可问。“全民”是一个抽象，它既不可分解为公民个人的私产，也不是经过私产之间的市场合约“集合”而成的“公产”。对比一下私产基础上的股份公司和各类基金，那是有人可问的体制，不难表达“主观估值”。恰恰在转让的环境下，我们可以清楚地看出“全民国资”一不可追溯为个人私产、二不以市场合约为基础的性质。

替代的法门

传统的国资体制干脆不准转让，或仅限于在国家的各个代理机构之间“调拨”，似乎就免去了定价难题。问题是，资产转让一旦超出国有的范围——这是改革带来的压力和机会——怎么办？

中国的经验是，发现替代。譬如，普遍以国资的“净资产值”作为判断国资转让是否“值”的基准线：如果市场的成交价高于“净资产值”，国资转让就被看做“增值”（至少也“没有流失”）；反之则反是。我们知道，“净资产值”——资产形成的历史投资在今天的账面记录——是非常客观的。过去投资了多少、今天还剩多少，全部有迹可寻、有账可查，不需要主观估值。

“净资产值法”帮助了国资向私人和非国有机构转让，功莫大焉。问题是，形成资产的“成本信息”虽然客观，但与该资产在未来提供收入的能力没有关系。等量的历史投资形成的资产，在未来提供的收入可能是正的，可能是负的，可能多，也可能少。就是说，等量“净资产值”的资产市价——按资产未来预期的收入决定的今天价值——可以截然不同。“净资产法”只允许“高者”转让，那么“低者”——国资的市价低于净资产值——如何处置？

早期的“办法”是：不卖，否则以“国资流失”论处。结果是我们看到了独步天下的“不流通国有股”。上市公司的国有股按净资产作价后，不准非国有机构与私人买卖和持有。我们也看到由此带来的“减持难题”：一旦宣布按市价减持国有股，市场预期会把股票市价大幅度向下拉。

“净资产值法”的另外一个结果是，随着“靓女先嫁”，政府手中积压了大量“丑女”——账面净值大大低于市值的资产。要减轻政府负担，防止资产进一步缩水，势必要把按照低于账面资产值的市价出售国资的任务提上日程。这方面，华融资产管理公司2001年按市价——只相当于账面值的8%——处置了约100亿元人民币的银行债权资产。它的经验是，靠境内外私人公司之间的公开市场竞争，得到本来“没有主观估值能力”的国资的市价信息。重要的是，资产一旦按市价成交，其投资和管理造成的损益就浮上台面，要求更清楚的权利划分与责任承担。

这些经验表明，走市场经济之路，“产权清晰”——不是法律所属的清晰，而是在转让中可以运用市价机制的清晰——是回避不了的任务。科斯定理是铁则，不是说说玩的。

资产管理的责任链

根据报道，华融资产管理公司首批向境外投资机构出售账面值为12亿美元资产的成交价为1亿美元。就是说，每1元净资产卖了8分钱。现在问：那余下92% 的净资产到哪里去了，究竟由谁来负责？

国资可按市价成交

2003年春节期间，因为《21世纪经济报道》少出版一期，我得空多写了一篇文章交《商业周刊》（中文版）发表。我的观点是，只要按照在公开市场上“出价高者得”的原则竞售，我们没有理由说因为华融的出售，才造成了上述“损失”。

本来，“按市价成交”的意思是，卖家对这笔资产的估值低于成交价，而买家的估值高于成交价。想清楚这一点，就可以推论：按市价成交——资产从估值低的一方转移到估值高的一方——可以提高“资源的配置效率”。把这个推理一般化，“见交易则喜”的立场好像与生俱来。

但是因为产权约束的不同，上述“铁则”运用起来还需千变万化。比如国有公司代理人管的不是自己的资产，要是他们“故意”低估资产价值，然后通过各种手法将被贱卖的国有资产价值转为私人收益，怎么办？

这个问题相当难回答。这也许就是国有资产转让拖泥带水的一个原因。现在华融通过国际公开招标、组织有实力的私人机构竞标出价，最后按市价成交。它表明，在一定的程序保证下，国资也可以按市价——即便市价远比净资产值低——成交。如果华融的经验普遍化，享受“按市场原则成交”好处的国资数量可以大大增加。

从“沉没”的角度看问题

以上分析，都是从“未来”着眼。是的，要论资产价值，必须从未来的角度看现在。华融的这笔交易，首先是双方从未来的角度认同这笔资产的现值为1亿美元。对于华融而言，如果继续“捂着不放”，那就有产生“冰棍效应”——资产价值随时间推移而“融化”，直到分文不值——的危险。正是从未来的角度看问题，华融按市价及时成交，可以避免更大的损失。

不过，资产又都是有来历的——它们是过去投资的结果。因此，也可以从过去的角度看资产：为了形成一笔资产已经发生的投资，在今天看来是多少？在财务概念上，“净资产值”（就是资产的账面值）反映的就是这样一回事。以华融成交的这笔资产为例，当初的全部投资是12亿美元。

容易上当的是，“净资产值”反映的并不是资产现在的价值，而是已经“沉没”在资产里的历史成本。“沉没的成本”——更地道一点，不妨理解成“沉没投资”——与资产的现值断然无关；但是，倘若要考核的不是某项资产现在的价值，而是“为了得到这笔价值曾经付出过多少”，那么清楚而不含糊的“沉没投资”记录就是基础。简单一点说，人们常讲的“投资回报”，分子是由资产未来收益决定的资产价值；而堂堂分母，正是“沉没投资”。这样来度量，华融此次按1亿美元成交的资产，曾经花费了12亿美元的历史代价。换言之，当年每1元钱的“投资”在今天的回报是“赔了9角2分”。

产权界定责任链

我已经指出，华融按市价处置资产，只不过是把早已形成的投资损失清楚地显示了出来。要看清这一点不难：要是华融得到这笔资产的时候就按市价衡量，世人岂不是早就可以见到“1元历史上的投资现在只值8分钱”？

如果那样做，资产损失就清楚地记在华融的“上家”——中国工商银行——的名下，可以清楚地看到该银行将一笔曾经花费了12亿美元形成的资产“管理”成现值只有1亿美元的资产。

如是，虽然已经发生的资产损失不能减少，但有两个效果可以派生出来：（1）为追查责任、吸取教训、优胜劣汰提供了一个事实记录的基础，可以改善工商银行以后的经营效率；（2）华融接手后的管理成绩容易考核，因为本次的成交价，对于买家来说就是“沉没投资”，经过一段时间后再按市价出手，“投资效果”立等可见。

根据以上分析，我以为国有资产管理公司先“政策性收购”——按账面净资产值划拨——国有银行的不良债权，再按市场办法加以处置，切断了资产管理的责任链。第一，国有银行以1元之价转出了历史上花费1元形成的资产，似乎没有造成很大的损失；第二，新成立的资产管理公司出售资产，显示了损失，但不需要——也不应该——对资产的损失负责；第三，将来要考核资产管理公司也是困难的事情，因为其投资效果的分母——“沉没投资”的信息从一开始就不准确。

国有机构的资产损失最终都是国家的。问题是，抽象的“国家”甚至无从准确地记住，究竟是哪一个代理机构和代理人替它造成多大的资产损失。在风云莫测的市场上，任何银行、公司和个人都免不了犯错误。正因为如此，各种不同的体制之间比赛的不是从不出错，而是纠错能力。要害在于，纠错要以不含糊的业绩记录为基础，而正是不同的产权约束，影响了投资和资产管理体制的“记性”。

让我们从大处着眼。国有资产从不准谈转让变为允许转让，是进步；从不准转让给私人或私人机构到转让无歧视，是进步；从不按市场原则转让到按照市价转让，是更大的进步。不过，“行百里者半九十”。要达到“灵活转让资产而又不以松动管理责任为代价”，我以为，国有资产还要大大减少在“自己的”机构之间做转让游戏，而要像华融一样，干脆在公开、开放的市场上把资产处置给非国有的机构和个人。

我为什么回应郎咸平

辩论要有思想价值

辩论的重点不是找对手的毛病，而是阐述自己的意见。挑毛病容易，问题是挑出人家的毛病并不一定就增加自己的知识。辩论的好处是可以逼得大家把自己的话讲得更清楚。不过，误入歧途的辩论从来也不少，主要是重点放错了地方。挑人家的错挑上了瘾，一路跟下去，最后发现除了再也不能冷静地看世界，什么也学不到。

谈到郎咸平，我以为看出他有错并不难。几年前，我当面听他讲亚洲和香港资本市场上大股东如何剥削小股东的故事。早知道有西方财务专家搞这个话题，但听下来还是不免心里生疑：要是只有“剥削”没有好处，小股东们为什么不跑个精光？

2004年8月我在安徽、广东两地出差，路上断断续续看到关于“郎监管”言论的报道。还是高调指控著名公司的套路，不过罪名不再是大股东剥削小股东，而是海尔、TCL和格林柯尔三家公司利用产权改革“侵吞国有资产”。那样严重的罪名，摆明非司法解决不可。要么被控罪名成立，要么控方诬告和诽谤，看不出有什么学术问题。可是后来看报道，除了格林柯尔老总在香港提出司法诉讼，在内地这样一个“侵吞国资”的官司题材，居然被处理成一场“学术论战”。最为传神的媒体批评，是“经济学家集体失语”。

虽然不断有朋友和同学要我发表意见，无奈自己就是提不起劲头。

那么为什么现在又决定回应郎咸平？我自己方面有三点原因。第一，据说郎氏指控的应之者众，不少人情绪激动，以为郎咸平真的穿上了皇帝的新衣。第二，问题已经从指控三家公司侵吞国有资产，升级为“所有产权改革都在侵吞国有资产”，“拍脑袋产生出来的产权改革思维，正是我们的国有资产大量流失到私人企业家手中的重要理论根据”；而笔者近二十年研究的就是产权改革，白纸黑字写下的文字，向来对产权改革的实践和理念不遗余力。有人高调叫阵，不出来应一句太看不起人家。第三点重要，郎咸平已经声明，不但要“结束‘国退民进’的产权改革”，而且要“改变国家政策的方向”，把中国变成“大政府主义的国家”。自从20世纪60年代末到东北国营农场上山下乡，我对那种名义上是全民财产的主人、实际上眼看着眼皮子底下的浪费和挥霍却无能为力的体制早就够了。

郎教授对海尔、TCL 和格林柯尔的质疑

我开始也以为他真的通过财务分析抓到了可指控的证据。回来看了在郎咸平指导下写的那三份研究报告，才发现不是那样一回事。以海尔为例，他们报告提出的中心疑问，是海尔职工持股会为什么拥有海尔集团诸多的资产权利。在查证了海尔投资与海尔职工持股会的来龙去脉之后，报告质疑“当初成立海尔投资的时候，到底是通过何种程序让海尔投资拥有了海尔商标专利权？又是通过何种程

序将零部件的供应权转到海尔投资的手中的？”可以质疑，但质疑毕竟只是质疑。可是报告紧接着就有了答案：“如果是海尔集团董事会正式通过了这些资产的转让，那么这就是明显的内部人员利益输送，除非海尔集团能证明董事会成员从未在海尔职工持股会拥有股权。如果董事会成员确实持有职工持股会股权，那么这个董事会决议明显就是通过利益输送，集体侵吞国有资产。”

请问这叫什么研究态度？轻轻两个“如果”，就把问号变成了句号。所论问题不是风花雪月，而是可以陷人入罪的“侵吞国资”！就算“假设”吧，那小心求证呀。从假设到完成求证，要下多少功夫，真的不知道？到了后来郎监管公开炮轰，连“如果”也不见了，直接就变成“海尔此举侵吞国资”的定论！求证了吗？在哪里？郎咸平可能以为，海尔高管在持股会持有股份肯定板上钉钉，因此海尔集团的高管们一定通过控制董事会，把国资权益输送给个人持有私人股份的职工持股会。于是，“侵吞国资”罪名成立，义愤填膺当然顺理成章，否则“20年后，我们将无法向子孙解释20年前的国有企业海尔集团今天变成了某家族企业第二代的私人财产”！让不明就里的善良人听来，这样的事情能不让人群情激愤？

破绽在什么地方呢？破绽在于海尔集团是一家集体制企业，根本就不是国企。

当海尔公司发言人声明“众所周知，海尔不是国有企业”之后，郎咸平居然继续向海尔高调指控：“即使海尔是集体所有制企业，它内部仍然存在两方面的利益代表，而（海尔职工）持股会的整个运作过程，恰好是一个将资产从青岛市向内部员工持股会转移的过程。”

这是什么意思？是不是“就算是一匹鹿，鹿也有鹿的问题”？！那么郎咸平先前关于海尔持股会“侵吞国资”的罪名，究竟成立还是不成立？

我认为海尔集团的法律所有权与实际产权关系是脱节的。在实际上，海尔集团的资产来源是清楚的，就是政府的改革开放政策、市场机会以及张瑞敏为首的海尔管理者和海尔员工的共同贡献。但是在法律上，海尔集团所属的大集体所有制，从来不承认任何成员的私人财产权利。为什么说有矛盾？因为明明对资产形成有过重要贡献的人，就是不可以拥有清楚记到名下的财产权利。那么多企业搞坏的就搞坏了，工人倒霉、政府兜底、社会紧张。可是搞好的却不可以得到合法承认，公道吗？更重要的是，在多种产权制度开放竞争的条件下，市场竞争包括企业产权制度的竞争。比方到市场上聘一个称意的人才，别的企业可以开出的条件，海尔开不出，怎么竞争？为什么开不出，因为张瑞敏自己也没有。事业心永远重要，可是市场竞争的教训说明，单有事业心不够，还要以清楚的权利为基础。

所以产权改革不是什么好事之徒策划出来的。只要走市场经济之路，公有制企业就要搞产权改革。问题是公有制企业的改革实在前无古人，困难自成一家。你想企业资产已经形成，原则上也知道是多方合作的结果。可是因为当初没有清楚的约定，倒回去厘清产权份额谈何容易！正是在这个意义上，我一直认为实践具有第一位重要的品格。类似海尔这样的大集体企业，应该靠所在地方的相关利益各方，在改制实践中摸索出界定产权的办法。海尔集团是产权不容界定到个人的传统大集体。究竟哪些权利，以什么形式、多大数目，经由什么程序完成转让，应该也只能由当事的相关各方在法律法规的框架内解决。

TCL 是什么性质的企业

就我所知，TCL 是改革开放以后形成的一种国企模式。法律上，它开始的时候是惠州市的地方国有独资企业，但从20世纪90年代中期开始，惠州市人民政府就与李东生为首的经营班子订了合约。我一直认为这个合约非常精彩，是了不起的创造。主要内容一是李东生为首的高管要为掌控公司控制权付一笔抵押金，李东生个人当时好像交了50万元，其中包括他和他父亲的房产。另外就是预先约定，TCL 每年税后利润的一部分用于高管人员购买企业股权。这个合约安排，第一鼓励创造利润，第二管理层分成的利润不能拿回家消费，而是变成个人在公司的股权，让高管人员与他们大权在握的公司之间有长远的利益纽带。年年按约履行的结果，就是2004年1月公布的TCL15亿股份中李东生个人大概有1.48亿股份，其他几十位管理人员和技术开发人员，全部拥有受法律承认和保护的私人股权。我认为这是吸收了多少国企垮台、行为扭曲的教训之后，逼出来的一种改制尝试。惠州行得通，其他地方也可以参考。

郎咸平倒是知道 TCL 是不同于传统国企的，因为他看到企业家个人股份在 TCL 登堂入室。但他依然高调指控，名目是“国有股权稀释与转移”。是的，从国有独资到国有控股甚至参股，国有股权在百分比里减少，也就是“稀释”了。不过，“稀释”并不一定意味着国有利益的减少。因为没有收益的100％的股权，比有收益的50％的股权还不值钱。要指控 TCL 改制使国有独资地位丧失，必须拿出证据说明国家利益在稀释后减少了。可是翻遍郎咸平满篇搬数过纸的报告，我就没有看到有一个数据说明这一点。

从并购的角度如何看格林柯尔?

郎咸平对格林柯尔的指控，是说它通常先进入被收购公司，当上董事长，掌控了人家资产转让的定价权，然后压价卖给自己。这就是郎咸平讲的故事。用常识来问一问：这样的好事，我怎么就遇不到？为什么我不能坐到邻居家里，先由我掌控定价权，然后把人家的资产“买”走？如果天下真有这么一种资产转让模式而又可以频频得手，格林柯尔的规模不会这么小。它为什么不把海尔、TCL 还有天下大公司一块儿全收了？

幸亏我还知道一点科龙。创业人团队的领导人叫潘宁，20世纪80年代从电冰箱开始，做成南方最大的冰箱王。也是实际的产权与法律所有权脱节，虽然公司后来到香港特区上市，但控股权还是“集体”的，其实就掌握在镇政府手中。这样的公司，政企分开谈何容易？当年是靠潘宁等人的创业贡献和威信，才大体维持了一个我叫作“企业家控制的企业”的格局。可是潘宁的身份也是“国家干部”，到年龄就要退。潘退下来以后，公司管理有一个过渡，接着就是所在地镇政府的头头凭控股权到科龙当了家。格林柯尔是从这个领导人手里收购科龙的。撇开细节不论，我认为科龙的主要教训就是潘宁时代没有及时发起并完成产权改革。如果还是潘宁掌控科龙，或者在创业人时期就完成改制，我认为格林柯尔入主科龙不会那样容易。所以，企业家控制权不是可靠的长期制度安排，没有合法股权的保护、激励和约束，控制权靠不住。我一直为当年的科龙耿耿于怀，提醒其他类似的公司引以为戒。

这些看法与郎咸平好像分歧不大。他指导下的论文说，“当年顾雏军在‘科龙改制’中途，乘着‘国退民进’的东风，带着自己的神秘资本突然降临正处于危机之中的科龙，将‘新民企’的资本与中国家电企业长期痛苦的产权问题结合：科龙易帜，大股东顺德政府套现退出”。只有一点小小的不同：我认为不是科龙改制才给了格林柯尔机会，而恰恰是科龙没有及时改。卖出科龙的镇政府领导人我也拜访过，是非常强悍的人物，要不是无路可走，绝不愿意放弃科龙的控股权。今天海尔的张瑞敏比当年潘宁年轻，大小环境也有很大不同，更重要的是海尔已经开始探索产权改制。中国出一个好公司不容易，为长治久安、不留历史性遗憾计，惟有大胆改、加快改，千万不要被无谓的指控吓住。

把上述案例小结一下：海尔背了大集体所有制的历史包袱，要界定存量资产，被郎咸平先后指责为“侵吞国有资产”以及“侵吞大集体资产”；TCL 的政府与企业家面向未来签订利润分成、高管持股合约，被郎咸平指责为“国有资产稀释和转移”；科龙没有及时改，“打工老总”到点下课，政府“老板”亲自上阵打理，落得个被格林柯尔收购的下场，又被郎咸平说成是为产权改革提供了“国退民进”的盛筵。我是想破脑袋也想不出来，到底怎样郎咸平才觉得对。

传统国企最根本的问题

我是1996年在研究下岗工人问题时碰到国企改制问题的。这些年我先后做过第一手研究的公司约有三四十家。用的是很土的办法，就是一家家实地访问、与各方当事人交谈请教。问到为什么要改制，我看到的是传统国企经济有两个问题要解决：一个是从来不承认参与国资创造的人力资本的合法产权，还有就是靠行政命令而不是市场契约组织经济活动。问题是，离开在清楚的私产基础上发展市场合约，无从支持分工水平的不断提高。计划命令经济实在笨拙，激励机制不相容，交易费用高到使许多事情根本做不成。

传统的国有经济不承认任何私人产权。主人是抽象的全民，而不是任何一个活生生的自然人。我曾经为文写下结论：这是一个没有最终委托人的经济。无数的机构和人似乎是委托人，仔细推敲都是代理人，而不是承担财产责任的最后委托人。郎咸平批评国企管理人缺乏信托责任。很对，问题是怎么形成这种局面的？我认为根本就没有委托人。什么“主人、保姆”，谁是主人谁是客？是政府主管部门？不对，它们是代理机构。是各级人代会吗？“代表”者，也是代理人也。只有被代表的才应该是最后委托人。可是在全盘公有化时代，任何公民私人不得合法拥有生产性资料的权利，所以就没有最终可追溯的委托人。

委托代理是一个责任链条，最后委托人无效，整个链条拉不起来。我认为普遍缺乏信托责任的根源就在这里。所以多少国有企业、集体企业搞得一塌糊涂。可以骂那些草包经理不像话，问题是谁日复一日、年复一年持之以恒地盯住他们？就是没有，传统国企才需要改制。抽象的主人有，也就是“全民”或“集体”，可抽象的主体怎样具体行为？说什么历史长、包袱重，不是说得通的托词。历史长不一定包袱重，没有最后委托人才是问题的根本。

郎咸平认为国企产权很清楚。“国有资产是谁的？你的、我的、我们大家的”，这是他自以为煽情的说词。请问“你的、我的、大家的”，有权利证书吗？没有。资产交给各类代理人打理多年，有经营、投资、收益的报告吗？要委托人审查吗？从来没听说有。上市公司账目造假，好歹还有一份假报告备查。传统国有资产呢？连假的报告也没有。据说现在有10万亿元国有资产，听起来了不得的一个大数。那可是全国人民的财产，平均以10亿人算，每人只有1万元！真就多得足以令人骄傲？还不知道这笔国有资产，所负的债务窟窿究竟有多大。为什么是这样的局面？产权制度使然，谁也使不上劲。我曾经写过一句话：国有经济里的所有者责任，追来追去一股烟。你追吧，像论万亿计的国有银行不良资产，追不出个头绪来的，权当天灾处理吧。这样的体制不改，国家没有前途。

如果连八竿子打不着的人也可以说国有资产有份，正好说明传统的国有体制非改不可。

不是我小气。产权是排他性制度安排，大度不得。也不是说产权没有份就没有资格来研究中国的国有企业。就是爪哇国里的人有兴趣研究中国国企改制，也应该欢迎。要研究，老老实实做研究好了。

使改制的过程尽可能地平滑

古代有个庖丁解牛的故事，启发我们把麻烦的复杂问题分开处理。公有制企业在法律上都姓公，但实际资产形成的路径大不相同。我自己这些年的观察，认为大体是三分天下。就是说有三个大的类别，可以考虑分开处理。

第一个类别，历史上用国家财力真金白银投资而成，市场化改革后，又身处国家垄断行业，所以，财政投资和行政垄断超额利润是这类公司资产形成的主要来源。这就是过去讲“抓大放小”里的那个大，特别是超大型国家企业。这个类别，第一位的任务不是产权改革，而是开放市场竞争。没有充分开放市场竞争之前，国家的财务资产与管理者和员工的人力资产无从定价，产权改革就没有条件。

已经进入市场竞争的国有企业和集体企业，在企业数目上是绝大多数。这里一分为二。一个类别不管什么历史原因，反正现在经营困难，甚至资不抵债。这类公司的改制，重点是了断债务，特别是对中老年工人的隐形债务。股权处理，以了断债务为依归。近一年研究湖南长沙和山西左权县的经验，就是不再一户一户去改。因为个别处理，还有一些资产的就还能给职工一些补偿，而没有资产的就对不起了，容易激化社会矛盾。长沙和左权的办法就是由地方政府通盘改，把整个城市国有资产一起来盘活，共同承担历史债务。这是第二大类，也是改制中最困难的一个类别。

第三类，就是在市场竞争中杀出一条路来的成功国有企业或集体制公司，以联想、四通、海尔、TCL、美的，包括从前的科龙为代表。仔细研究这类公司，大多数是改革开放以后搞起来的，国家基本没有财力投资，主要就是给政策。限于历史条件，法律载体只能是当时仅有的国有制或集体制，但实际上这些公司资产的形成，一靠创业企业家和员工的人力资本，二靠市场信用。因为是从市场里杀出来的，创业企业家控制着由他们领导形成资产的公司；但在法律上，公司的资产还是归抽象的国家或集体。这类公司的改制，重点就是承认企业家和工人人力资本应该得到的合法产权。过去说资本价值全部是“活劳动”（就是人力资产）创造的，“死劳动”（就是物质资产）完全没有份。我以为资本价值是由物质资产和人力资产在市场过程中合作创作的。

除了改制本身存在的技术性和操作性问题外，有些人对改制提出质疑，是因为很多交易过程存在大量的权钱交易，不能否认在这个过程中，确实有私人资本和企业的经营者利用这一点侵吞国有或者集体的财富。

但是，倒回去界定产权的事，前无古人。西方名校是没有这门学问的，因为没有这个经验基础，也没有对这类知识的需要。公有制改制过程中，要严丝合缝的确很难。最严重的问题，是后来在位的权力人物，对公司资产形成不一定有很大贡献，有的甚至还有过负的“贡献”，但在改制中利用权力，硬要分走一大块。几年前我白纸黑字批判这种攫取行为，指出这是改制的最大危险。但我也想得明白，传统公有制不改，资产被攫取的花样百出，最后的命运就是被攫取干净。只有改制彻底，攫取活动才最终失去土壤。因此我认为，叫停改制的战略，不论主观动机如何，实际效果只能是延长国有资产被攫取的时间，增加国有资产被攫取的机会和数量。正确的选择，是坚持改制方针、增加改制的透明度、提升改制的程序合理性，尽最大可能减少改制中的攫取损失。

至于更一般意义上的权钱交易、官商勾结，我看过的事情令人不寒而栗。这是事关中国命运的大事情，所以千万要拿准重点所在。我的认识是，权钱交易、权贵主义等等，重点是权力没有受到有效的制约和监督。这个重点不解决，走市场之路，歪事和邪事怎样也挥之不去。权力搅买卖，搅来搅去，做买卖的非搅得权力不能生存。所以虽说官商勾结是一个巴掌拍不响，靠权力发财的商人令人鄙视，但问题的重点是官，因为官比商要难管得多。我讲过的，权力不走上法治的路，私产和市场终究难以上路。从历史经验看，解决社会矛盾靠阶级斗争为纲不是办法，以穷斗富，不实现法治，就不能摆脱那个历史兴衰的周期律。

长沙的路子

长沙市共有国有企业91户，2003年底已完成改制60户，理顺劳动关系的职工6.1万人，超过待理顺职工总数的65％。更重要的是改制在保证就业的同时，促进了产业结构优化，吸引到日本三菱、瑞典伊莱克斯、青岛啤酒、美的电器等大型企业的战略性投资。长沙的企业改制走出了一条路子，基本上形成了一套办法。

长沙在改制过程中逐渐明确了认识。企业是一组合约的集合，改制的实质则是理清旧的非市场合约，建立市场合约。但理清旧合约是要有成本的，这个成本具体表现为“理顺劳动关系”。改制的难点就在于理顺劳动关系所需的支付超出企业和财政负担能力，而弥补这个缺口有赖于盘活存量资产——主要是土地。所以，盘活存量与企业改制是一盘棋，长沙的路子可以理解为有机统一盘活与改制，着眼大局，下活全盘。

在国企改革的资金筹措过程中，长沙形成了六个字：欠、盘、引、筹、挂、兜。“欠”指改制后在原企业竞聘上岗的职工，其经济补偿金暂不发放，由企业出具“欠条”，走人时兑现。“盘”是由国有资本运营机构为各企业重组牵线搭桥，盘活存量，引进增量。“引”即招商引资，寻求战略合作伙伴。“筹”指募股获得现金，以支付离岗走人的经济补偿金。“挂”是指企业欠缴的房租水电费、土地出让金等，先在各部门挂账。“兜”即财政兜底，实在无力筹措的部分由财政支付。上述的“欠”和“盘”都涉及盘活存量，是大头。2003年统计59户完成改制的企业中，用于弥补改制资金缺口的土地资产总计9亿 –27亿元，占总缺口70％余。从职工安置情况来看，竞聘上岗、内退协保、拿钱走人各在1/3上下。“欠”某种意义上是向竞聘上岗职工进行土地抵押贷款，按职工安置人数计算，占补偿金总额应该也在1/3的水平。经查22户企业的土地处置记录，现用途中，工业只占23％，其余基本为商住。由于这些土地原来基本为工业用地，改制盘活使价值增加4倍多。22户转让土地面积占其土地总面积的1/5左右，转让价值比重却在3/5以上。除了转让外，还有出租的形式。典型的如长沙钢铁集团六大建设项目，预期年租金总计近2 000万元，而拿钱走人的先后只有700人，盘活土地基本解决了改制资金的问题。这些都属于“盘”的内容。另外，直属公房的评估价与职工购买价之间有一个价差，也是弥补资金缺口的重要途径，占经委系统企业比重虽然只有1％，但占其他系统企业、尤其是集体企业的改制资金缺口比例要高得多。这在形式上是财政的让渡，但实际上也是盘活存量资产，并以实物形式进行支付。

正是由于“欠”和“盘”占了大头，“引”和“募”的筹资压力减轻。改制后，仅有少数企业需要用税前利润来弥补改制资金缺口，59户企业总计1.35亿元，占总缺口比例仅略高于10％。通过盘活存量，企业的历史包袱基本上得到解决，可以有更大的余地来选择战略合作伙伴。例如，在长沙土地交易市场，招拍挂（“招标、拍卖或挂牌出让”的简称）的标的不仅仅是某块土地，还包括一系列附加条款——产业条件、职工安置要求、改制启动资金预付额度、成交金额进入“双控”账户等。正是在土地的价值得到更合理确定的基础上，这些附加条款才能为投资者所接受。也正是在土地等资产存量得到盘活的基础上，“引”和“募”由补缺筹资方式更多地转变为战略融资方式，其作用由理清旧合约更多地过渡到组建新合约。2003年全市工业招商引资签约项目248个，总投资133亿元，到位内外资金67.5亿元，增长95.4%。而通过战略合作、重组，企业原有的人力资本、商誉、营销网络等无形资产存量得到盘活，并建立了新的企业治理结构。从事后来看，产业结构、企业制度、无形资产是全局，但盘活和改制是至关重要的先手，先手得法，后面的全局就可以通过市场的自动运行来实现。

综合起来，长沙所走的路子有以下几点耐人寻味。

首先，重新界定企业占地及直属公房等资产的价值、产权，不仅推动改制，更提高了整个社会的资源配置效率。例如，当企业占地由工业用地转为综合用地以后，用地机会成本上升，企业自然就会提出“退二进三”（从二环退到三环）的要求，这就促使市中心的土地价值和使用效率趋向一致。对于娱乐产业发达的长沙市而言，这一改进的效益应该是很可观的。

其次，长沙的改制强调组合合约的概念。企业无论是作为非市场还是市场合约，都是产权合约、劳动合约、经理人合约等一系列合约的组合。在改制时，进行综合调整，试验不同组合方式是很有必要的。这方面，长沙探索出了多种形式——股份制、兼并、关停破产、出售、合作、并轨、让渡式租赁等。其中，并轨是指职工出再就业中心与进入失业保险并轨。让渡式租赁是将困难企业有效净资产出租给优势企业，租金用来支付改制成本。两者都是针对困难企业的改制形式，可以说是“逼”出来的。

再次，程序规范，形成制度。一是让所有当事人都有正常渠道参与谈判过程，这就提供了各方互相询价的平台，避免了缺乏沟通引起的过激行为。二是政府和企业高层在谈判中要表现出预见性。由于职工是比较复杂的群体，政府先行考虑他们的反应会大大降低交易成本。在实践中，长沙形成了一系列具体做法，如建立“双控”账户，劳动补偿金不入股，建立由内退、协保、补偿、就业、失保、低保构成的配套政策体系等。这些都是总结经验教训形成的规范性制度，值得借鉴。

最后，财政兜底。这一点很重要。改制是由政府发起、推动的，而且旧合约的理清也主要是政府履约的过程，所以财政必须“兜”。但政府并非国有资产的最终所有者，为了防止委托代理问题，在“兜”的同时也必须强调“底”，以防止国有资产流失。这个观念不稀奇，关键是怎样操作、采取哪些形式。2002年长沙成立了工业资产经营有限公司，一方面是统筹调剂改制资金，另一方面也是对财政兜底进行具体运营。该公司打捆收购国有工业企业在四大资产管理公司的不良贷款5亿多元，2003年又为国企改革筹集2亿元的财政贴息贷款。这些都涉及财政的支持。事实上，一些既无资产又无市场的困难企业，其改制没有财政的投入是难以进行的。长沙市政府对市场化的前景乐观，愿意为此付费，这是改制的原动力之一，也是改制能够顺利进行的保障。

同时，长沙的改制过程中也提出了一些需要注意的问题。比如说，未完成改制的多为特困企业，所以会越改越困难。特别是这些企业的土地有1320亩受到“控规”，在筹措改制资金时必然遇到很大困难。又如，最近国土资源部规定经营性土地一律实行招拍挂，而根据长沙原定政策，企业承债式并购、企业职工重组新公司其土地转变用途时，可采取协议转让。该矛盾可以通过招拍挂土地附加条款来缓解。但这一方面增加了交易成本，另一方面在一个卖方询价的招商引资市场上，现有的招拍挂机制和区域性土地市场有不合时宜的地方。所以，政策与实际的矛盾仍然亟须解决。此外，还有一些问题是暂时没有显现的。例如，改制资金筹措中的“欠”尚未兑现，直属公房的价差要实现也会有成本，这些在以后都仍须小心对待。再如，政府的产业导向是否太强？能否通过更灵活的机制设计来甄别战略投资者？这些都是需要探讨的。

可惜了，科龙

最近读科龙的报道，被一个问题折磨：要是还由创业老总潘宁那一代人领导，科龙至于落到今天这步田地吗？知道历史不容假设，可忍不住就要那样想。因为和潘宁和当年的科龙有过直接的接触，有几句不吐不快的话，要写下来。

第一次见潘宁，是1998年在成都。当时科龙到西南大展拳脚，收购一家军工厂的车间改建冰箱生产线。听潘宁的讲话，沉稳里透出豪情。当时中国出现通货紧缩，经济景气“冷”得厉害，科龙偏偏在那个时刻大举投资，不能不触发我的好奇心。当面问潘宁，他只回答了一句——到热的时候就晚了。从此我对科龙就上了心。

几个月后，河北省请潘宁给当地企业家讲话。得到消息，我凌晨起身从北京赶到石家庄听他的报告。还是那个风格，沉稳里透出豪情，阐释经营企业的核心理念——不熟不做。潘宁讲得仔细，河北企业家听得入神，我这个研究经济的更觉得“执到了宝”。午后，潘要赶北京的航班到香港，碰巧科龙的车子没有办妥进京证。我看时来运到，毛遂自荐说自己1986年就拿到驾照，不妨让我捎他回北京。没想到，潘总还真敢上我这个北大教书先生的车。

回程路上下雨，我要集中精力对付路况，但还是有几句交谈。

科龙1993年在香港上市，所以潘宁时不时要到香港出差。谈到香港内地企业经营环境的差别，潘宁在车上有一句话让我至今难忘。他说，在香港不需要结识官员，百分之百的时间可以用于市场和业务；回来呢，你非应酬不可！我想，从细部观察，中国的改革还有千山万水要走。从此我访问企业就多了一道必问的题目：多少时间用于市场？多少时间应酬官场？

有了给潘宁当过一回司机的交情，次年我到科龙做调查就顺理成章了。潘宁完全不管我，想找谁谈就找谁谈，想问什么就问什么。记得在容奇镇住了一周，每天到科龙不同的部门访问。对我帮助最大的是潘宁创业团队里的陈总，最早的三台“容声”冰箱——也是国内第一次生产的双门冰箱——就是他在1984年领着几个师傅手工敲出来的。陈总告诉我，那三只冰箱拉到香港技术鉴定合格，但要申请国内许可却比登天还难。

其间的千辛万苦按下不表，反正，科“龙”从20世纪90年代开始腾飞。到1999年，科龙冰箱产量265万台，年销售额58亿元，利润6.3亿元。即便是今天，媒体里一片科龙的负面消息，我还是认为，将来的人要知道“中国制造”是怎样一回事，科龙当年的故事应该是一个缩影。

科龙问题的根子是产权体制。1984年创办的公司，不是国有就是集体。但是实际上，“出资”的不只是镇政府的几万块钱，还有潘宁创业团队的企业家人力资本。市场竞争的压力使企业的控制权落在企业家手里，但原先的体制却不承认企业家人力资本的合法产权。这种特别的问题，在那个时代创办的企业里普遍存在。也正是市场竞争的压力，逼迫这类企业改制。

但是1999年那次调查，我没有弄明白，为什么地处顺德的科龙在企业改制方面如此缩手缩脚。读者可能知道，顺德是全国中小国有、集体企业转制的一个发源地。早在1993年，国有顺德糖厂资不抵债，靠卖设备发工资，逼得由员工出资持股“租赁”经营——“企业转制”由此诞生。是年底，顺德市、镇两级工业企业的30％完成了转制。顺德政府顺势提出“产权明晰、贴身经营、利益共享、风险共担”作为企业转制的纲领。

科龙也转了制。先是员工认购了20％股权，后来又分别在香港、深圳交易所上市。但镇政府的实际控股地位始终没有改变。潘宁深恶痛绝的“应酬”，还是有制度基础。我当时不明白的是，为什么在发明了“靓女先嫁”改制方略的顺德，政府还一定要在市场竞争激烈、潮起潮落的家电行业里，维持在科龙公司的控股地位？问过潘宁和他的创业团队，也问过时任镇长徐铁锋，他们都语焉不详。

既然“政府控股”，有些结局就难免。就在1999年，因为“到了退休年龄”，62岁的潘宁从科龙下课——虽然从来没有清楚地论证，为什么企业家与政府官员一样到点就要退下。次年，科龙从上年盈利6亿元变成报亏8亿元；再次年，报亏12亿元。2001年，我又到容奇镇。潘宁一家远走高飞，据说再不想回来。陈总还是够朋友，送我一套他历年为科龙质量管理编写的技术规范，但明言“不谈科龙一个字”。真正物是人非！我心有不甘，不顾“礼仪”直闯科龙总部。见到了徐铁锋——他已从镇长变为科龙的CEO——正主持新买主的进入；楼上新董事长的办公室刚刚装修完毕。命运已定，还谈什么好呢？

去年回应某些人对企业改制的高调指控，评论到科龙案例："如果还是潘宁掌控科龙，或者在创业人时期就彻底完成改制，我认为格林柯尔入主科龙就没有那样容易。"要点是，正因为没有彻底改制，才导致了科龙的下场。这其实是2001年我最后一次离开科龙大楼时的想法。

疑团还是没有解决：为什么当年科龙不以潘宁的创业团队为基础完成改制？半个月前到顺德，我再次讨教。了解当年实情的人很难找了，科龙又一次风雨飘摇，不便打扰。看来又要再待来年了。不料临走时，当地一位朋友拿出一本《大道苍茫——顺德产权改革解读报告》（广东人民出版社2002年版）送我。书是大记者徐南铁写的，其中交代了坚持政府控股科龙的原委：时任的镇党委书记陈伟先生根本就不赞成顺德市"靓女先嫁"那一套。

这位很有资历的书记并不完全反对转制，而是主张"留大、去小、转中间"。科龙既大又靓，当然不能嫁。书中记录了陈伟当年的盘算："科龙可以卖四五十亿元，还掉六七亿元的贷款，还剩下不少。我这当书记的三五年可以不干活，日子好过得很。但是以后怎么办？"他应该不会想到，仅仅几年"以后"，科龙只要三个亿就被出让。他更不会想到，当年辉煌的"国家级"企业，竟然以今天这般面目出现在投资人和公众面前。

无论当年的主政者今天怎么想，科龙的结局似乎是时也、运也、命也。欲哭无泪，只能道一句：可惜了，科龙。

“庙”里的“好方文”为何那么少

与汪丁丁[1]对谈

公有制企业为什么搞得好的少，其原因有三个：第一，行政控制会将企业中仅存的效率机制破坏掉；第二，它不能保证相对更优，保证能力相对较强的企业家控制更多的资源；第三，没有解决企业家代与代之间更替的问题，从而影响高龄企业家的长远动机。

“资”源于何处

周其仁：如果我们对那些搞得好的乡镇企业做点调查，会发现企业的资产形成很有意思。比如一些企业最初的资本来源于农户的集资。一类集资是社队出面，每家每户出一点钱，等企业办成，有了收入再还；另一类集资由一些企业家个人出面。

汪丁丁：在其仁所做的横店调查中，是企业家徐文荣凭自己的信誉，得到了乡里农户所集的资金。

周其仁：农民们为什么信任徐文荣？因为他们看到徐文荣以前办小企业的时候就干得很好，办事认真、公道，有事业心。这就是

1　汪丁丁：北京大学国家发展研究院经济学教授

徐文荣的个人资产，是他的信誉资本。有了这种个人资产，农民们的钱才能集中到他手中。这个道理和华尔街的道理基本是一样的。徐文荣再用得到的集资，到银行贷款，这样横店集团企业就有了原始资本。后来企业把农民们的集资还了，除去对银行的负债，企业还剩下一大块，这就是企业的净资产。从这个例子，我们可以考虑考虑到底资本的源泉是什么东西？我并不是不重视人们通常讲的资本，而是想人们是否真的理解它们的源泉。是不是钱本身就可以生出钱来？还是因为钱加在稀缺的企业家人力资本上才能生出钱来？我的看法是后一种。企业尤其表明了财富的这一特点。

汪丁丁：再向深一点说就是剩余价值理论了。实际上熊彼特在重新解释马克思的剩余价值学说的时候，就讲了这样一句话：财富的真正来源是什么？是价值剩余。而价值剩余只是与活劳动，就是人的创造、创新联系在一起的，是与企业家创新联系在一起的，其他的财富都是死的。马克思说的地租、利息等只不过是剩余价值的转化形式。

周其仁：马克思强调活劳动中的工人劳动。但是在活劳动里，最重要的是企业家的劳动，这主要体现在对市场的决策性判断和企业管理方面，而这种企业家的劳动在古典时代很难识别，因为那个时代多半是由出资者来当企业家。所以连布劳代尔都认为，“资本主义”是个误导的词，让大家都认为资本非常重要。布劳代尔有两个非常重要的观察。一是资本产出比在任何时代都是差不多的，基本是3：1，也就是固定资产的存量与每年的产出流量之间的比值在任何时代都差不多。另一个很重要的发现是，在过去的许多时代都能找到钱无处用的记录。那么以前的发展为什么这样缓慢？我理解是企业家的才能发展不够，或者没有制度来保护企业家才能。

汪丁丁：对。像高利贷资本主义都有上千年历史了，但就一直发展不出来近代的资本主义。而只是到了近代，文艺复兴之后，才有了个人主义，才有了创新，才有了艺术繁荣和企业家精神的勃发。

周其仁：因此，我们到底应该如何理解价值的源泉、财富的源泉，到底什么因素在长期的经济增长当中起了重要的作用？我并不是说钱财不重要，但钱财是如何起作用的？“资本主义”这个概念误导人们认为财务资本本身很重要。在改革中，人们认识到资本重要，提出要保护资本的产权，这当然是重要的。如果谁都可以把别人的钱财拿走，那谁还可能有努力的动机呢？这种逻辑我很赞成，但我觉得这里隐含着一种可能的误导因素：使人们看不到保护产权实际上还要保护人的能力，而保护人力资本是发挥全部资本作用的条件。如果社会不保护企业家才能，那些受保护的钱财到底有何用？再往深处想一想，资本本身生出的利到底来自哪里？是不是钱就会生出钱来？如果没有企业家将钱买来作为要素，到市场拼搏，钱是生不出钱来的。

汪丁丁：我们一直忽视奥地利学派的理论。我认为当奥地利学派的企业家创新理论进入新制度经济学产权理论之后，可能会产生一些新的结果。

周其仁：我们有必要想一想，改革到底在改什么？过去的公有制什么都姓“公”，这样做所产生的动员资源强度确实超过了其他任何时期，但这就构成了财富的源泉吗？没有。道理在哪里？就在于天底下有一种资源是无法公有化的——人的创造性活动的能力。

一些公有制企业之所以能成功，并不是因为它们叫“公有制”，也并不是企业的物质资本在法律上属于国家，或者属于集体。如果仅仅是这样的原因，是不能解释为什么另外那么多公有制企业表现很差的现象的。所有造成能被举证认为公有制企业有效率的企业，除了靠行政权获得垄断利润外，都或多或少以不同方式承认了企业家人力资本的产权。这种承认的方式可能不同于经典的“资本主义”下的以剩余索取权为主要表现形式的激励机制。比如我去横店集团看到的“控制权回报”等。西方的控制权也很重要，他们激励经理们好好工作也不仅是付他们多少工资，给他们多少股票，也要包含控制权。

“好的少”有制度根源

周其仁：我们现在来解释第二个问题，为什么“公有制企业”搞得好的非常少？我的研究表明，控制权回报机制起作用需要很多条件。第一，企业家必须在位。第二，在位的企业家的能力要始终很强，不但是绝对地强，而且要相对地强。相对强的含义是，在位的企业家对企业资本的运用一定要比企业内外的所有其他人好。据我观察，要在公有制条件下满足这两个条件是非常难的。因为，首先有企业家才能的人难以在位，更难以长期在位。

汪丁丁：因为他没有合法性。

周其仁：行政的力量总在起支配作用。行政的干预最后就是破坏对企业家的控制权回报。因此，很多能干的人要不然就是不能在位，要不然就是干了一段就被调走了。这是第一个原因。下面是第二个原因，公有制经济的一个主要特征是拒绝产权交易。比如至今国有股、法人股还不能交易就是一种具体表现。不能交易的一个结果就是使在位企业家相对的优势不能得到保证。产权交易本质上是让更能干的企业家获得更多的资源。比如 A 企业兼并 B 企业，为了获得20% 的控制权，就要购买 B 企业的股权，而大规模的收购就会引起 B 企业股权价格的上升，比如从5元一股涨到6元。那么，为什么同样的股票在 B 企业的企业家手里是5元，而到了 A 企业的企业家手里就变成6元了呢？在我看来，其中的本质是两个企业的企业家的人力资本的差别。所以，企业到底值多少钱，也取决于谁在控制它。资本市场的本质就是让企业家经营企业的过程永远不要停止。企业家和资本任何时候都可以结合。我想任何其他人类组织机构都没有这样灵活。

这也引出了崔之元提出的“所有者偷懒怎么办？”也就是“委托人偷懒怎么办？”的问题，同时也涉及和张维迎的分歧。丁丁曾对维迎的书写了《有恒产者有恒心》的书评。对有恒产者有恒心的观点我很赞同，但是恒产者不一定有雄心，更不一定是最有企业家能力的。在有资本市场存在的情况下，光有恒心不行，因为你没有雄心和能耐，别人就可以出高价收购你，就接管你的企业了。市场就像一双奇怪的红舞鞋，你一穿上就永远停不下来了。所以，资本市场的存在不仅使有产者可以保持控制，而且使最强的人力资本在市场中扮演积极的角色。因此仅有对物质产权的保护是远远不够的。

前几年，北京人艺曾上演过一出戏《天下第一楼》。剧里的故事就讲一个烤鸭店的经理想好好干，但两个子承父业的少东家却一个热衷练武，一个爱好听戏。最后，试图振兴烤鸭店的经理失败了。所以，资本雇佣劳动的说法在我看来是有局限性的。企业市场的本质是人力资本的竞争。公有制体制下抑制了这个过程，使国家的所有权和集体的所有权不能买卖，也就不能永不停顿地选择企业家能力最强的人控制企业。这也是公有制下公有企业不容易搞好的第二个原因。

第三个原因，也是最重要的，就是控制权回报机制无法向下传。当企业家能力不行的时候，怎么处理？如果你因为他过去干得好，就把控制权给他，那就会有危险。因此，我们看到很多企业的经营业绩变化很大，原因就是企业家的变化很大。

控制权资本化

周其仁：要解决这些问题，只有通过将控制权资本化。资本化就是将剩余索取权和支配权分开，以索取权替换控制权，使那些干得好的企业家得到一部分剩余索取权，等到他们没有能力作决策的时候，可以享受。而控制权回报的机制没有这个作用。现在我们的很多企业还在第一代企业家的控制中，这些人年龄还没有到退下来的时候。但研究制度不能以一代人为限。股份公司作为一个重要的制度创新就是它能使企业几乎变得永久有生命。长期来看，如果我们不解决控制权的资本化，就会产生一个悖论：一些过去很能干的企业家，在他们能力不行的时候，仍让他们作企业明天的决策来奖励他们过去的能干，结果就让一个低质量的决定来作为对企业家过去成功的报酬。作为激励机制来说，这是没有问题的，可是决策的质量会降低。当然，为解决这个问题也有替代的办法，比如将控制权传给儿子等。但效果如何，有待观察。

我们这里再总结一下，公有制企业为什么搞得好的少，其原因有三个：第一，行政控制会将企业中仅存的效率机制破坏掉；第二，它不能保证相对更优，保证能力相对较强的企业家控制更多的资源，因为产权是以部门、行业等划分得非常零碎的，相互之间是不能进行交易的，只能在一个局部内优化；第三，没有解决企业家代与代之间更替的问题，从而影响高龄企业家的长远动机。因此，我认为，如果我们找不到控制权资本化或者类似的制度变迁的话，传统的公有制企业无法与股份制等其他类型的企业进行长时间的竞争。

企业在市场上被定价

汪丁丁：反过来我们也可以看到为什么很多公有制企业搞不好，只要上面三个条件不能满足，企业经营就会出现问题。为什么在公有制体制内有搞得好的企业？这就涉及企业定价。我们可以先看看资本市场上企业是如何定价的。资本概念本身是指有一个投资项目，这个项目在每一时期有一定回报，也就是有一个净利润，我们根据这些净利润按一定贴现率贴现到现在，得到一个现值，如果现值高于投资总成本，那么这项投资就叫资本投资。也就是预期的回报利润流的现值大于付出的投入值，这是资本最原始的定义。在充分竞争的资本市场上有某项资产，由 A 去管。在资本市场上人们根据该企业各期的收入，也就是净利润流，再“用脚投票”。企业各期的成本或利润，也就是 A 如何压低工资、如何降低成本、如何发展新的供应商、如何开发新市场等，这些都是 A 的函数，都是 A 经营者的结果。将各期的净利润体现到现在就是该企业在市场能卖的价钱。这也就是 A 的价值。所以当投资者或机构持股者买该企业股票的时候，依据的根本不是企业的资产，那是不确定的，而是看资产是由谁来经营的。如果 A 经营就值5元钱，换别人就不行。所以其仁强调的企业家的选择范围非常重要，道理就在这。在我们的体制内，适合于上级“胃口”又有能力的企业家是大大减少的。如果是乡镇企业，恐怕就在本地选人。

周其仁：这就好像不举行全国、全世界的乒乓球比赛，各个地区自己赛，出来了很多冠军，而这些冠军之间是什么关系，我们都不知道，因为他们之间不进行比赛。

汪丁丁：对。像“小老树”“重复制造”等都是这个原因。

周其仁：“公有制”本来以在整个社会内优化资源配置为号召。可现实是，层层切割，最后变成一个一个互不相通的小“公国”。

汪丁丁：从上面的讨论，我想谈一谈张维迎教授和其仁对“资本”的看法。维迎的数学模型中的一个定理有三个命题，每个命题都对应着一个解，等于是一个内点解和几个角点解。也就是说，它概括了各种各样的情况。即便人力资本为主的情况，这个模型也能概括。因此，维迎认为他的模型是最全面的。但是问题的实质是你相信哪个解是最现实的。如果一个理论的解太多的话，那意义就不大了。就像天气预报似的：今天下雨，今天也不下雨。因此信息最大并不一定就最有用。真正有用的理论，不是东方式的“道”，而是充满了规定性的。对一个现实问题就有一个解。维迎最后为了应用他的理论，根据自己多年来对我们经济体制的了解，根据自己的直觉，他认为目前最现实的解就是他提出的这个解：物质资本作为信号来反映个人的经营能力。

我们从前面讲的资本定价最基本的定义中可以看到，其中显然有一个未定的因素，当我们说生产的三要素——土地、资本、劳动在确定性情况下都获得了固定的回报的时候，剩下的剩余就是给企业家的，这是我们经典教科书中所讲的。但实际上计算的过程不是这样的。三要素的价格，都是反过来依赖于企业家的经营能力，而经营者的行为，是它的函数。企业家发明了一种新的方法，或发现了一种新的原材料，才能将成本降下来，净利润才能提高。这就与新古典经济学的一般均衡理论，或者说是完备的市场信息理论之间产生了非常重大的冲突。这一点是非常重要的，也是奥地利学派为什么不能融入新古典经济学中的原因。因为，新古典经济学家坚持认为，企业家能够从劳动力市场上取得充分竞争的劳动力工资，这是给定的。在资本市场上，企业家只付利息，然后是土地的地租，这些都给定后，剩下的剩余就是企业家的。但实际的市场竞争是千万个企业家竞争的行为，市场竞争使每一个企业都是一个非常独特的形态，一个 unique（独特之处），它给工人的工资可能比市场上的工资高很多，就像大海的波浪似的，有很多很多细节、很多很多不平衡。新古典经济学只是在概率的意义上试图找到一个平均的利润率、平均的利息、平均的地租等。这些都是事后的观察。奥地利学派始终将市场看做是一个过程，是动态的，在这个过程中才出现创新的可能，如果没有这个过程，就根本没有创新。将奥地利学派和新古典的理论结合起来是一个非常棘手的理论问题，但在中国这样一个全面转型时期，如果不做这种结合的努力，而只接受新古典经济学的假设，很多研究就无法展开了。尤其是在研究企业家行为的时候，我们就没有理论武器了。

汪丁丁：刚才提到所有价格的确定都是事后的，能否谈具体一些？

周其仁：好比你想让我到《经济学消息报》工作，你开始对我有个估价，另外一家报社想雇丁丁，对丁丁也有一个估价。最后大家统计出一个结果，确定我值多少钱，这已经是结果了。这个工资率怎么来的，与个别的定价有关，与一个个独特的评价机制有关。实际是你一面看到将来的市场，一面看着我，想着雇我以后，在工作位置上面对市场会带来多少收益。这都是需要企业家来做的工作。

再说刚才我们已经谈到的“资本”的原始定义，现在很多人在讨论国有资产流失，但我们应该仔细想一想什么是“国有资产”？实际上国有资产流失从人们将流动性很强的货币投资于固定资产时就可以说已经开始了，计划投资失误的项目，不就是国有资产流失吗？仅仅根据账目上的价值来看是没有意义的。企业本身是一个未来的收入流，投资企业是投资企业的将来，是投资企业家自己的眼光，是因人而异的。资本市场永远是一个慧眼识英雄的过程。

挑企业家的凭据

汪丁丁：那么如何发现企业家呢？是否根据张维迎教授讲的依

据个人的资产来判断呢？

周其仁：只要放松限制，鼓励竞争，企业家就会自己在市场上冒出来。出资人的挑选当然是一种挑选，但离不开全部要素市场和产品市场的挑选。对维迎的观点我有两点不同意见。第一，维迎认为人的才能是一个主观的东西，因此，要用一个客观的标准，比如财富来作为象征，作为信号。但我认为个人拥有的财富是私人信息，而人的能力才是公共信息。西方公司里董事会聘经理的时候并不知道候选人有多少个人财产，而是看他们过去的工作记录。同时，财产是指存量，如果 A 和 B 的年薪同样是100万元，但 A 偏好储蓄，而 B 喜欢消费，那么过了若干年 A 的财富就比 B 多，但能说明 A 的能力就比 B 强吗？实际上我们只能知道两者的市场价格，比如他们在上一年的年薪是100万元。所以，我认为企业家的能力是公共信息，而企业家的财产是私人信息。

汪丁丁：我对维迎观点的理解是这样：他较极端的假设可能与社会发展形态有关。在目前中国非市场化的环境里，一个人的富有可能是他能力的信号。

周其仁：还不一定就是这样。即便在我们现阶段也是首先看人的能力和信用。人是社会的动物，每个人在社会和经济交往中都是有记录的。找经理不是看人们有什么财富，看他有多少房子，而是看他有什么记录，有什么经营行为，后果如何。因此，经验就是积累个人的信誉。我只找到了一个例子似乎可以支持维迎的观点。当初，美国要援助中国台湾地区一些项目，其中有塑胶工业。美国人遇到的问题就是不知道谁有能力做。于是美国人就查当时中国台湾地区的个人存款，发现王永庆的账户上存款超过普通人的好几个档次。然后美国人就去进一步了解王永庆，发现他经营过林木生意，有一定能力。于是，找到王永庆让他干。这是一个通过个人财富发出信号的例子。但并不是说，美国人看了王永庆的存款就敢让他做，他的存款仅仅是第一步的信号，实际上美国人还要调查他凭什么有很多财富。

维迎的第二个论据是：因为人力资本属于个人，所以不能抵押，按照“跑了和尚跑不了庙”的说法，财务资本就具有抵押功能，而人力资本没有。我觉得这也是可以商量的，首先大公司的委托—代理问题永远不是靠抵押可以解决的，因为风险很不对称。比如像通用汽车公司的资产有100亿美元，如果要聘一个人当总裁，要他拿出100亿美元作抵押，那么天下就没有公司了。所以，我们需要研究：在面临风险不对称的危险，且抵押机制行不通的情况下，以何种其他机制来防止经理的机会主义行为。其他机制就包括了我们上面讲的企业家名誉、企业家控制权、“上市机会”和资本市场等。

对企业家的控制确实是个难题，西方现在因董事会选错经理而使企业经营失败的例子也比比皆是。但是从阿尔钦讲的生存的检验来看，我们就必须回答为什么在非对称抵押的情况下，西方社会找到了约束和激励企业家的机制。因此，我认为现代公司不是靠抵押来选人经营的，靠抵押只能是很小的小企业，即使市场里的小公司也难以全额抵押，而要看看掌门人几斤几两。

其次，我们应该如何看待抵押？“和尚”和“庙”之间的关系是值得讨论的，问题是，如果没有和尚，庙的市值若何？我的观点是如果没有“和尚”，“庙”就根本不会重要。“庙”的价值在于如果一个“和尚”跑了，还会有其他的“和尚”来“住持”，还会有香火，还会有人来上贡。如果一个庙里的全部“和尚”和“住持”都跑了，那座空庙到底还能抵押出什么来？我并不否认应该保护私人的所有权和物质利益，但我觉得这对于理解目前的企业改革而言是不够的。

汪丁丁：现在在北京做一些计算机网络和电信业务的时候，也不是取决于公司的大小，而是取决于各个公司以前做过哪些项目。因此真正涉及信息不对称巨额投资的时候，个人的记录就非常重要了。

周其仁：记录对企业家很重要。像企业家才能，企业工人能知道，企业的供应商能知道，买商品的顾客也能知道，这些信息都是抹不掉的，都是作为公共信息在市场活动里“存档”的。

汪丁丁：企业家就是社会的企业家，有人曾研究过哈佛商学院毕业生的业绩好和薪金高的原因。结果是，除了这些毕业生素质好、曾有过工作经验外，很重要的一点是，这些毕业生已经形成了一个小社会，相互之间都进行商业合作。这时，如果有人在学校的时候信誉就不好，那么毕业以后就没有人来找你。

汪丁丁：上面我们已经讨论了为什么公有制企业难搞好，以及搞得好的原因。那么如何对症下药，让更多的公有制企业搞好搞活呢？

周其仁：我想有两件事要做：第一，各种企业家的能力的市场价格显现出来，恐怕不要先考虑企业家占不占有企业资产，实际上，只有企业快破产时，人们才想到分企业资产。但凡企业还能经营，如果人们想去分资产，就是破坏企业的生产。因为人们将真正企业家的份额分掉了，将企业控制权平分掉了。所以，我认为第一步的任务可能并不是去分资产，而是先经过政企分开，让企业家的市场价格出来。其道理在于，如果没有契约在先，事后得到的剩余是讲不清楚的。有经验的企业家凭直觉就知道，如果要讨论企业内每个人要分多少股权，那企业离破产也不远了。

第二件事是将现在到位的企业家才能的市场价格资本化。到位的价格都很容易资本化。只要市场价格是稳定的，再倒过去算资本的份额，就很容易。

汪丁丁：这就是我理解的产权，就是我们必须用宪法将契约关系保护起来。

周其仁：对。这就是产权。要将它稳定化，除了市场力量，没有其他力量能改变它。

攫取与公有制企业改革

公有制企业一方面没有办法普遍地找到合格的“代理人”来担负企业有效运营的责任。另一方面，公有制企业又无法消灭个人在事实上控制着他自己的人力资本的现实。个人的人力资本产权得不到合法承认，其结果，或者企业里的各种人力资源得不到充分“发动”，或者个人用各种方式来“非法地”获取其人力资本价值，也就是攫取。

公有企业难防“攫取”

有一种普遍的误解，认为公有企业的改革就是把公有的公司变成私有的。但是，我的问题首先是，原来被叫作公有制企业的组织，在实际上究竟是怎样“公有的”？进一步说，如果把公有制企业看做“无主财产”或是所谓“所有者缺位”的组织，那么这些无主财产的实际财产状况是怎样的？而在“所有者缺位”的组织里，一切所有者应负的责任和应得的权利，真的就消失了吗？

为了简便起见，我想从公寓或大院的公共过道开始讨论。在我们的公寓大楼或居民大院里，都有一些空间被留做公共过道。这些公共过道不能由任何私人住户排他性地拥有或使用，因此，公共过道属于公共所有是天经地义的安排。但是，我们几乎可以到处看到，公寓或大院的住户们将他们的私人杂物堆放在公共过道上。当然，情形因地而异。有的堆放得比较“礼貌”，既不妨碍他人通行，也几乎不妨碍观瞻（取决于“妨碍观瞻”的标准）；有的肆无忌惮，使得剩余的过道窄到除非你身怀绝技否则休想通过的程度；还有不少公共过道由于放肆地堆放而简直像个垃圾场。

这些事情司空见惯，以至于我们不再思考：这样的公共过道是不是还是事实上“公有的”过道？这些财产（空间），是不是还可以被叫作“无主财产”，或者可以被叫作“所有者缺位”的财产？

回答这些问题并不简单。有两个主流经济学从来不用的概念可能是必要的。这两个概念都来自美国华盛顿大学经济学教授巴泽尔。他提出，由于界定产权要花费成本，因此，总有一部分权利会界定不清楚，从而形成一个“公共领域”(public domain)。更重要的是，巴泽尔发现，公共领域并不能自动维持其公共性质，因为只要处于公共领域的资源对私人有价值，总有一些人会以各种方式来“攫取”(capture)，使之在事实上由私人获益。

为什么叫“攫取”？在这里，攫取的意思是“掳掠”和“掠夺”。这当然首先是不合法的行为。但我更关心的是攫取行为的经济含义。在经济上，攫取就是一方获得资源，而相应的成本却由其他方非自愿地来负担。公共过道的攫取者，得到的是可供私家免费利用的空间，但相应的租金、灯光、通行不方便、增加的火灾危险和潜在的逃生困难以及有碍观瞻的“成本”，可就由邻居们来分担了。简言之，公共过道被部分地攫取了。在这里，资源的受益是“有主”的，资源的成本也是“有主”的。在得益和成本两个方面，被攫取的公共过道从来也没有处于“所有者缺位”的状态。这里的真实状态，是资源的受益权利与负担相应成本的责任脱节。被攫取的公共过道，其公共性质早就变质，因为全体住家与这样的公共过道的利益关系，早就不再是公平的了。

因此，当我们面对一个堆满了私家日用杂物、被攫取得面目全非的“公共过道”时，我们首先要把问题提得对头。我们到底要改革什么？是改革公共过道的公共性质，还是改革公共过道被攫取的状态？我的一个发现是，真正死命反对改革公共过道的，常常是那些最肆无忌惮的公共过道攫取者。他们“捍卫”公共过道的“公有制性质”，是因为他们从如此名义上的“公共过道”里可以攫取最大的、由国家和人民承担成本的私人利益。

但是我们却要坚持讨论，攫取行为对公共过道，以致对整座公寓或整个大院市场价值的影响。我们要根据经验来研究，是哪些最重要的因素在决定着攫取行为？为什么有的公共过道被攫取的程度轻，有的就重？攫取行为究竟是怎样影响“效率”的？最后，如何改革被攫取的公共过道？我想强调的是，在讨论各种各样“可操作的改革方案”之前，增加对公共过道里攫取行为的理解是非常重要的。热衷于可操作的改革方案而对问题本身缺乏理解，是近年国有企业改革打转转的原因之一。

怎样界定公共过道的产权

“公共过道”是一个有意思的比喻。不过，比喻终归是比喻。

读者可能还是更关心公有制企业改革问题的本身。准确地说，我把整个公寓或大院看做一个公有制企业，而公共过道，只不过是公有企业里的公共部分。你可能奇怪“公有企业里的公共部分”这个说法，难道那里还有资产的私人部分吗？我的回答是肯定的，任何公有企业在事实上都有私人资产参与其中。社会主义公有制企业并不例外，只不过它的形式比较特别。

我在1996年的论文里，把企业理解为是市场上一个财务资本和人力资本之间的特别合约。其实许多经济学家早就指出企业是一个合约（或一个“合约网”）的性质。重要的是，凡是把企业看成一个合约的，都把企业理解成若干不同的资源所有权之间的一个协定。企业远远不只是一个所有权构成的，而是许多个所有权之间的一种关系。古典经济学家把企业看成“资本雇佣劳动”的机构，实际上也是把企业看成“资本所有权”与“劳动（力）所有权”之间的一种关系。不过，过去关于“资本”的定义太狭窄，仅仅指财务资本或物质资本，或者原来的政治经济学教科书上讲到的“生产资料”。但是，20世纪60年代以来经济学对现代经济增长的研究发现，人力因素——主要是人掌握的知识和技能——对经济增长的贡献非常之大，同样构成“未来收入流的源泉”。因此，一些经济学家不再满足于把“劳动力”仅仅看做是一种被动的、只能被“（财务）资本”来雇佣的要素。劳动同样是资本，是“人力资本”(human capital)，并且人力资本对于长期经济增长可以作出更重要的贡献。

“人力资本”是人掌握的知识、技能、体力、企图心和创新精神等一切具有经济价值的“资源”的总称。人力资源的一个很特别的、不同于任何非人力资源的特性，在于这种资源总是负载在具体的个人身上，并且只有他个人才可以启动，只有他个人才能真正控制这些资源的供给程度。由于这一点，人力资本天然属于个人。无论法律上是否承认个人对其人力资本的所有权，在经济现实中，个人总是实际上控制着人力资本。“超越私有产权”也许是一些人的理想。但是就人力资本而言，私人产权在事实上从来不曾被超越过。

公有制企业与天下任何企业一样，绝不能离开人力资本而存在。机器、设备、厂房、原料和半成品，离开了人力资本（决策和管理、技术贡献和生产劳动）是断然生产不出任何产品和服务的。人力资本总是企业组织的一部分。差别在于，事实上个人拥有的人力资本所有权，是否被法律承认，以及被承认到什么程度。而在经济上，是否允许个人充分利用其拥有的人力资本产权来做交易呢？毕竟，只有做交易才有可能缔结合约，才有合约或合约网意义上的企业。

交易是一种权利，在我看来还是产权当中最重要的权利。交易权包括喊价权。讨价还价，总要先喊个价吧。经验表明，一种资源一旦进入讨价还价的市场过程，它就会根据市场供求来定价。劳动力市场，以及各种专门的人才市场，其实就是人力资本价值得以实现的场所，也是被叫作“企业”的这种合约赖以存在的基础。

计划体制消灭了市场交易。劳动力市场被劳动力的计划分配替代，技术市场被政府对研究单位的拨款替代，经理市场则被行政官僚的任命体系替代。人力资本的产权在法律上不被承认，人力资本的市场交易权也消失了。这时，“国有企业”或“集体企业”变得名副其实：所有财务资本归国家或集体，而人力资本则由于失去了法律上个人所有权的地位，不可能构成“企业合约”的一个缔约方。“国有企业”成了只有一个所有者的“企业”。它还叫“企业”，但早已经不是市场经济中作为“合约”的企业了。

但是，计划的公有制企业并不能消灭“人力资本天然属于个人所有”的特性。“国家”是一个抽象，正如后来十分流行的“法人”概念也只是法律上的一个虚构一样。国有资产也罢，集体资产也罢，法人财产也罢，其经济运行总要被交给一个一个具体的个人去管理、去控制，总要同具体的工人和技术员的劳动相结合。问题是，公有制企业是否具有特别的能力，可以在不承认人力资本产权、不给付市场价位报酬的基础上，有效地动员、命令企业里的人力资源呢？答案是现成的。要是公有制企业有此“法道”，我们就既不要研究国有企业的脱困，也不要研究公有制企业的改革了。

公有制企业包含有资产的私人部分吗？答案是肯定的。人力资本天然属于个人所有，这一点并不因计划的公有制企业而消灭。那么，公有制企业是否具有特别的能力，可以在不承认人力资本产权、不给付市场价位报酬的基础上，有效地动员、命令企业里的人力资源呢？答案是否定的。

其实任何企业都有公共资源的公共利用，为什么被我们叫作公有制的企业更容易发生攫取行为？

正是由于不承认个人人力资本的合法权利和交易权利，攫取行为才在公有制经济里大行其道。公有企业的前提是，外部没有市场竞争，内部不是一组权利合同，用命令调拨形成资源组合。计划体制建立在不承认个人的人力资本产权的基础之上，这种体制没有办法良好地界定单个的个人在公司里的相应地位，于是它就没有办法普遍地找到合格的“代理人”来担负企业有效运营的责任。但是，另一方面，公有制企业又无法消灭个人在事实上控制着他自己的人力资本的现实。其结果，或者企业里的各种人力资源得不到充分“发动”，或者个人凭其事实上的控制权来“非法地”获取价值，也就是攫取。

国有企业几十年，相当普遍地困成这样，不是自然状态，而首先是过去一系列决策的结果。但你要问投资决定谁在做，他或她做了负什么责任？做对了怎么样，做错了又怎么样？你最后会发现没有任何清晰的责任链条可供追索。追到最后一句话：都是上面让干的。上面是谁呢？政府某部门、某部门某官员，根据的又是当时的某种形势、某号文件。追来追去“一股烟”，其实还是无人负责。

决策是相当重的责任，对企业的资产质量、战略定位有决定性的影响。承担决策重任的人需要相当特别的人力资本，也就是企业家人力资本。计划体制根本不认企业家，只认行政官员和行政级别。行政任命制下，“说你行你就行，不行也行；说你不行就不行，行也不行”。而消灭了产品市场和要素市场之后，确实也说不清谁行谁不行。于是，“一朝权在手，便把令来行”；于是，“你方唱罢我登场”；于是，“张书记开沟李书记埋”。反正，怎么干怎么有理。怎么干，最后都由国家和全民承担责任。

决策完了要执行，要日常管理。企业的日常管理主要是计量、监督和协调，都是非常磨人的事，也需要特别的人力资本，就是经理人力资本。但是，挑什么人来管呢？拿什么标准来衡量他管理得好不好呢？管得好怎么着，管得不好又怎么着呢？计划经济的公有制企业体制没有好好回答这些问题。不能好好回答的要害是：不承认经理的人力资本产权及其交易权。

再讲技术。中国的专利法是1982年通过的，在此之前没有个人发明获利的实现机制。即便专利法出台之后，在公有制公司内利用公有资源而得出的发明，产权归公。创新和发明，是最依赖个人头脑的行为，你都要公有化处置，那就不要指望技术要素的充分供给了。

一家公司，决策没有责任制约，又没人好好管理，缺乏技术进步的内在动力，剩下可以干的，恐怕只有攫取了。你想即便是一个本分的工人，不能为自己好好干而喊价，也不能“人往高处走”，看到身边的“混混”少劳不少得，又亲眼目睹“上面决定”带来的惊人浪费，他怎么还能持久地好好干？好比家家门口都放上个破筐，你要不也放上个破篓子，对不起自己不说，不也“脱离群众”嘛！要知道，攫取是会互相传染而蔚然成风的。

因为不承认个人的人力资本合法权利和交易权利，攫取行为在公有制经济里大行其道。一方面，公有制企业没有办法普遍地找到合格的“代理人”来担负企业有效运营的责任。但是，另一方面，公有制企业又无法消灭个人在事实上控制着他自己人力资本的现实。结果，个人的人力资本产权得不到合法承认，其结果，或者企业里的各种人力资源得不到充分“发动”，或者个人用各种方式来“非法地”获取其人力资本价值，也就是攫取。

“例外”的道理

在成熟的市场经济国家也有大量公共资源，有成功的公有企业。怎么解释在那种环境中公有企业的成功？或者说，在那里的“攫取”是否不那么猖獗？

我认为不能离开产权讲市场、离开市场谈企业，更不能笼统地看到相同的名称就以为必定是相同的内容。发达国家的国有企业大体上是这样运转的。第一，关于国有企业的设立，要经过政治市场上的竞争，大的项目国会要辩论，所有决策有案可查；第二，政府要聘任专门董事和独立董事，并从声誉、收入和行政责任三方面建立对政府、董事、个人的激励机制和约束机制；第三，国有企业的经理从经理市场上招聘，其综合性报酬不脱离市场水平，同时用经理市场的声誉机制来制约这些经理，外加对公营公司（特别是垄断行业）的政治或行政法规的约束；第四，技术人员和工人在劳动力市场上流动。讲到底，那里的国有企业没有否认其中的个人人力资本产权，也没有否认各类人力资本的交易权和喊价权。

好比两座公寓，其中一座每套单元都是住户买下的，有界定清楚的私人所有权；另一座呢，全部单元都是公家的，连里边住的人也是“公家的”。你看哪座公寓的公共过道上攫取行为会严重一些？我看是第二座。生活的逻辑就是这样：越蔑视个人的合法权利，公共资源被攫取的程度就越严重。

话说回来，我们的公有制企业，无论国有制还是集体所有制，都有搞得好的。好比我们的公寓，也有公共过道整齐利落的。一个原因，是存在着市场禁入，也就是行政性的市场垄断，而高额垄断利润足以掩盖这些“好的国有企业”的决策错误和管理不善。在竞争性的行当里，那些搞得好的公司事实上都有承认企业家、经理、技术人员和工人人力资本产权的“暗器”。首钢的周冠五、万向集团的鲁冠球、华西村的吴仁宝等，事实上终身保有对他们的“公有公司”的控制权。根据报道，其中几位已经做了把企业控制权“传”给儿子的安排。换言之，公司控制权在那里已经是企业家的个人私产了。那样的公司，决策有人负责，也有人瞪起眼睛管理，敢于重用重奖技术尖子，所以公司可以搞好。我写过横店集团的个案研究报告，指出那是一种“控制权回报”的机制，是比“股权回报”稍微弱一级的激励和制约的机制。联想集团前期靠控制权回报，后期和开明的科学院达成“35：65利润分成”的体制，而联想公司可以分享的35% 利润中的1/3(差不多等于总利润的12%)，是明确分到柳传志等十来位公司创办人个人名下的。就我的见识，竞争性行业当中搞得好的公有公司，都有这样那样确立个人人力资本产权的办法。问题是，没有普遍的法律保障，没有大规模的各类人力资源市场，公有制企业中好公司总是少数，而且搞得很累，正如公房的公共过道未被攫取的是少数一样。

从某种意义上来说，社会主义公有企业改革的任务，就是更好地界定企业中人力资本的产权。

但要知道这个界定是很困难的。作为企业，它不是直接界定人力资本，而是间接界定，企业是在组织内界定，企业这个组织的总产出要被市场界定。

所以这是两级界定的过程。既有企业内部的界定，也有来自市场的界定，后者是最终的。

市场评价某个公司的产品到底值多少钱，能不能实现价值，然后这种评价的方式要有一个机制传到企业内部来，间接地评价企业家、经理、技术员和全部工人。所以，除了产品市场，还要有要素市场，包括经理市场、劳工市场、技术市场等，这都是改革的重点。市场化改革和界定产权是一致的，甚至是同一的。所以我对一些经济学家强调市场竞争而不在乎产权改革，或者反过来的那些观点，总觉得不可理解。

人力资本不只是人的教育和训练，更关键的是能力、创新精神、企图心和对风险的态度。至少企业家人力资本，主要由这些特质构成。经验表明，企业家人力资本不仅来源于正规教育，还来源于个人对环境的悟性，来源于那些我们现在还说不清楚的东西。现在大家讲“要培养一大批企业家”，严格地说，谁也不知道如何培养。目前看，主要还靠市场的“生存检验”。“一将功成万骨枯”，战争挑选将军，市场挑选企业家，都是非常破费的事情。所以，企业改革并不是要把企业改得永不失败。没有那个事情。破产机制和其他退出机制永远需要。国有企业困境的一个原因就是没有破产机制。

企业对人力资本的界定是两级界定的过程。既有企业内部的界定，也有来自市场的界定，后者是最终的。把产权改革和市场改革看成两件事情，令人不可思议。

当心“草包经理”的攫取权

强调在企业中清晰界定人的权利，那么在实践中如何操作呢？计划体制这个东西非常麻烦，首先把市场环境给消除了，全面恢复起来非常困难，因此人力资本的定价体系根本就不能有效运行。在这种现实环境中，怎么推进改革？

国企改革必须市场开放和产权改革双管齐下。对不同类型的企业，需要有不同的优先顺序。那些行政性垄断公司的主要任务是放开市场管制，首先引进竞争。至于已经处于市场竞争中的公司，那就要在董事和经理聘任的竞争性、激励机制和制约机制等方面做文章。我要强调，顺序不要错了。那些坐拥行政性垄断特权的公司如果先搞产权改革，把垄断利润资本化为那些无须竞争就当上经理们的股权，那不是产权改革，而是“攫取权”的资本化。这可能激化转型时期的社会矛盾。产权是一种权利(right)，而任何权利的合法化首先必须“正确”(right)，也就是合乎理义，可以被多数人接受。

行政性垄断公司的头等大事不是“产权改革”，而是要增加市场竞争。孤立地讨论产权会歪曲问题。市场化改革就是产权改革，因为引进竞争，一方面增强了消费者的购买力产权，另一方面削弱了垄断供应商的非分的索价权。更重要的是，产品竞争会传导到要素市场上去。如果没有要素市场的竞争，永远无从识别不同类别人力资本的优劣，更无从为企业内的人力资本定价提供参照。

对于一时不能引入市场竞争的行当，千万不要搞什么“产权改革”，还是先强化行政责任和财经纪律，哪怕用一点“老办法”。至于“规制改革”(regulatory reform)，要从对垄断行业和垄断公司的管制一并考虑。基本思路是，用政治竞争来部分替代市场竞争，但不放弃引进市场竞争的努力。

三分天下看改革

垄断性行业的首要任务是推动竞争，对多数已经充分竞争的行业，如何给人力资本定价呢？定价总是有风险，定高了或者是定低了怎么办？市场还没有形成的时候该怎么办？

根据在上海、山东、浙江、广东和北京对一些企业改革的调查和参与，我想基本思路还是从产品市场到要素市场的竞争传导。到了要素市场上，还有不同的步骤。

以企业经理为例。第一步，企业经理的工资性报酬要在市场上有竞争力。公有制企业的经理工资偏低，拿在职消费或其他“攫取权”去补充，对公司不是什么好兆头。第二步，经理层要分享利润，比如联想的“35：65分成”模式或横店集团关于总裁分享1% 税后利润的规定等，使高级经理在决策和管理中不只是考虑成本，而必须关注利润。第三步，经理层分享利润的权利资本化，即经理不再仅仅是支薪经理，而且成为股东的一部分，与企业有长久的关系。第四步，建立经理股权可以交易的机制，比如在职期间不能出售，但离任后可以，使之有市场实现股权价值的预期，并使相形见绌的经理可以从岗位上退出。

这些步骤当中，第三步最具有跳跃性。四通公司管理层收购（MBO）案例，根据四通集团总裁（现在是集团董事长）段永基已经披露的方案，有两条值得注意。一是四通的经理和员工都出了一部分资（共5100万元），以个人股权清楚界定的形式与老四通集团的“集体产权”共同组建新四通。二是引进外部投资人，由外部投资人给新四通的高级经理以期权。按照方案，四通重组不是经理们自己开价，而是由外部投资人来定价。企业的现职经理持有企业较大比例的股权，等于为公有企业重建了界定清楚的个人股本结构。这好比把公房可以界定为私人住宅的单元卖给私人住户。改制后的公司，仍然有公共部分，就像出售后的公房仍然有公共过道一样。但是，关键的区别在于，企业内公共部分的资源少了，而监督公共资源不被攫取的动力机制建立起来了。

四通重组完成后，也只是一个公司对人力资本产权界定的阶段性结束。你问，没有市场怎么办？其实由于是两级界定机制，公司内人力资本的定价不一定等于所谓行业的市场价。所谓行业市场价，也只是各公司定价的事后的统计平均值。每个公司给他的经理或其他人力资本所有权定下的价格，都会影响到所谓的“市场平均价”。在这个意义上，先从企业内定价还是先有市场是相互作用的。重要的是有定价机制，可以讨价还价，可以谈不拢就走，可以再调整。我的观点是，每个公司的单独定价行为都参与了市场的形成。

还要强调，每个公司究竟走哪几步，先走哪步，后走哪步，自有各自的出发点和约束条件，强求一致没有意义。经济学家至多可以提供一些信息，增加企业改革时的选择。

竞争性行业公有企业改革的两条原则：动员经理们自己出一部分资金来买；安排外部投资人来参与未来的人力资本定价，谁错了谁负责。

企业改革是非常细致的事情。四通方案做了一年多，还没有最后完成；做出来的方案也不一定真的照着做。企业各有各的生命，各有各的不同起始点、约束条件和内外部平衡机制。要改革，还有小环境和大环境的配套。所以企业改革没有办法“化”。中国的老话讲，“病来如山倒，病去如抽丝”。即便是流行病，发病原因一样，每个得病病人的情况还是有异，康复的办法和路线也不尽相同。所以还是要按个案来办，一个一个地探索。前几年股份合作制刮风，有的地方下行政命令要求全部乡镇集体企业在限定时间内改成股份合作制——哪里来的那样大的把握！

中国还要当心攫取行为习惯成自然。任何改革，都可能成为攫取的机会。四通案例经报道后，许多公司来找我们做 MBO，就是给经理融资收购企业。个别电力公司也来了。行政性垄断的问题还没有解决，怎么把股权明确给经理？四通是在开放市场的 IT 行业里，拿新四通总裁的话讲，这个行当里已经没有什么没有道理的事情了。竞争形成的利润部分由经理层分享，再资本化为个人的股权，比较“正确”，合乎理义。但垄断性行业的故事另当别论。计划体制下垄断性行当可攫取的资源本来就超出公司的范围，如果他们率先把行政垄断特权转化为私人产权，那还“正确”和合乎理义吗？

所以，不要刮风，特别不要刮攫取的歪风。历史经常嘲弄人，你的目标和你实际到达的地方不一致。塔洛克（Gordon Tullock，就是最早研究寻租行为的经济学家）在观察东欧剧变和苏联解体时发现：“过去是政府所有制糖厂的草包经理，而今成了所有者。他们仍然无能，仍需要专门的政府保护以维持其活动。在这两种情况下，他们认为自己都干得很出色。”怎么样，要为这帮草包“解决产权问题”吗？

对不同的行业、不同的企业如何改还是要逐个分析。中国第二产业差不多都已经走上这条竞争道路了。现在还剩下很多垄断的领域属于大服务业概念，像金融、保险、电信、电力、基础设施，还有媒体等。这一块放开竞争，推进市场化进程其实不仅是改革企业、增加效率的需要，未来中国经济发展的很大机会也在这里，否则就业问题都解决不了。

至于行业准入的许可证，有好几种获得办法，一种是竞标获得，一种是分配获得，一种是审批获得。审批获得就是把这个权力给了官僚，他愿意给谁给谁，然后去勾结，这是最腐败的一种制度。

所以要从现在开始尽量减少用行政权力去分配市场资源的做法，那会断送产权改革的前景。逼得不能改，一改就歪了，变成社会矛盾的冲突点。但是，一定会有人利用这个潮流。攫取永远比获得要容易。是实质性的改革快，还是攫取成风更快，我不乐观。

在国企改革中给经理定价的任务非常重大，那怎么理解股东与经理的关系呢？

国家的资产、公有的资产，最后总是要找到个人来当行使所有权的代表。由于国有资本数额巨大，也由于国有资本通常要在存在着行政性垄断（有人愿意称为自然垄断）的领域活动，所以，仅仅凭借经济上的权利安排，能不能对“国有股本代理人”（董事）的行为实施有效的激励和制约对称，还是一个问题。我想政治市场的竞争机制及其监督效应，也应该加以考虑。但是无论如何，我们要承认，规范国有股本代理人的行为，是一个困难的任务。在这个意义上，国有股本只有少搞一点，少到与有效的监管、激励和制约的能力相适应。国有股本搞得无处不在，对国有股本代理人的监督又跟不上，必然使国有资本成为被攫取的对象。

因此，国有股本收缩的政策是对的。但国有资本在退出时要防止被更严重地攫取。办法就是引进市场竞争，包括产品市场和要素市场，并且分步收缩（如上市公司国有股本减到51%以下，再减到30%或20%）。对于大的国有公司，引进竞争是第一位的，不能轻而易举地把垄断性资产的股权量化给经理个人。已经进入竞争状态的中小公有企业，则应该加快产权改造，其中大部分小的企业可以一下子把全部股权或控股权卖给个人，使之成为“大股东当经理”的运营模式，减少所谓的“代理成本”。部分有点规模的公司，比如四通这样的，可以通过类似管理层收购的办法，由管理层收购企业控股权，成为“持有部分股权的经理”运营的模式。目前能想到的，基本是这么个三分制。无论哪一类，股权资本都是重要的。如巴泽尔所说，全部企业合约是由股权资本担保的。但是，巴泽尔和其他经济学家可能忽略了，企业家和经理们的人力资本，也可以成为股权资本的一个源泉。这一点对公有制企业的产权改革非常重要。

第四辑 迎接挑战

2017年的世界经济充满了各种不确定性。对于中国来说，恐怕也是2008年次贷危机以来考验最为严重的一年。如何应对？问题和答案今天看来都不陌生。

景气低迷中的企业家行为

景气低迷，是目前许多厂家面对的一个现实。本文试图提出，企业和企业家在景气低迷时期的行为，对长期经济增长有极其重要的影响。这样的题目从何谈起？我想还是先从几个故事开始。

故事里面大有学问

第一个故事是冰箱的门。冰箱原来都有个门把——鼓出来的那么一个物件。但是你现在到商场里看，大部分冰箱的门都是“暗开”的了，就是没有门把了，只是在门的上边，开一道暗槽。这当然不是什么太大不了的发明创造。但是，对于住房面积比较小的许多中国家庭来讲，这个小小的改进有其功效。因为许多家庭希望冰箱有装饰功能，放在那里比较好看一点。没有门把的冰箱门，可以满足这么一点需要。事后来看，这件事平淡之至。但是对于第一个做出没有门把的冰箱的工厂来讲，就不简单。生产线要改，模具要改，其他设备要改，工人习惯的生产工艺和流程也要改。那么，谁在中国第一个生产出没有门把的冰箱来的呢？据科龙集团主管技术的陈福兴副总裁讲，是科龙。什么时间？ 1988年至1989年。为什么在那个时间？因为不景气。冰箱生产“过剩”，要竞争图存，不拿出点新的东西，商场和顾客如何会买你的账？你听，这个故事是不是有点意思了？企业为了对付不景气，加快了创新活动。你再问下去，果然就是科龙的一条发展线索。冰箱的门可以两边开，第一个也是科龙在国内生产出来的。门可以两边开，冰箱在房间里的摆法就多了。冰箱可以就着房间，而不是房间必须就着冰箱。什么时候搞出来的呢？就是前两年业内人士普遍抱怨宏观调控把经济调下来的时候。去年以来，市场更“冷”了。科龙的产品可就更“花”了。他们率先引进“热转印”技术，在冰箱门体上压膜制成大面积图案，高温成型，永不脱落。冰箱的装饰性更强了。

这只是讲了一扇冰箱的门。创新的背后是投资、技术改造和管理。科龙的轨迹非常有意思：每逢景气低迷就大手笔投资。1997年、1998年，科龙在成都收购成都发动机厂的一个车间，在西南建起一个冰箱生产基地。一次性投入2.5亿元现金，把原来整个车间推倒。潘宁（科龙老总）的理念是，市场低迷，大家难过，我扩大规模，提高竞争门槛，等到下个市场高潮来到时，科龙已经准备好了。总不能说，等市场热点来的时候，才去推倒车间建生产线吧。潘宁讲的这一条，不是什么点子大王的秘诀，但就是很难做到。就是把这个方子告诉天下所有老总，也不是个个都可以照做的。在景气低迷时大投资，你要多么雄厚的实力、多么稳健的财务基础和多么好的信用！这样讲起来，后面的学问就大了。

第二个故事是酒。中国人早就知道“酒是陈的香”。但是，消费者买到的酒，究竟有多“陈”，从来没有成为我们这样一个酿酒大国里酒品的一个卖点。欧洲的酒不但“越陈越香”，而且“越陈越贵”。

人家把酒的年头标在酒牌上，多一个年头多一分价钱。现在国内也有标明陈酒年份的酒品了。第一个标明酒年份的是谁？据我所知，是古井贡酒。市场上有“五年古井”和“十年古井”等，年代不同，价钱不同，越陈越贵。什么时候有此“创新”的呢？1989年。那时候市场低谷，连古井贡酒都不好卖时。从此消费者可以喝到不同年份的陈酒，多了一种口福，厂家多了一个卖点，增加了突破景气低迷的力量。

最近又有报道，上海两家很有名的超市，在国内第一个改变了跟供货商的合约模式。原来流行的是所谓代销制，就是厂家的东西放到我这里来卖，商家只是代销，要是卖不掉，对不起了，你负担吧。但是这样一来，厂家对商家怎么可能一心？等到市场热起来时，商家竞争加剧，厂家就可以拿一把，轮到他做大爷了。如此循环，家家得到平均利润（或者平均没利润），谁能出得了头？上海的这两家超市“逆向”而动：偏偏在市道最不好的时候，主动跟上千个商品品质好的厂家签订了买断性合同——就是商家把产品买断，卖不出我承担风险。在低潮的时候这样结成的联盟，到商业高潮来的时候就非常可靠。这也是景气低迷时投资的故事。

最后一个故事，“永和豆浆大王”。这是一家中国台湾食家的连锁店，把豆浆、油条、小笼包、牛肉面这样的小生意，从台湾地区做到了美国。你在洛杉矶中国城“永和”的铺子里，可以喝到地道的中国豆浆。许多年前，“永和”进军中国大陆。北京海淀区三环路边上开了一家，墙上写的是“中国第26家”，卖的无非是早先上海路边摊上的早点，但你看人家那个红火。就是在现在，市道不景气到了顶点，多少大小饭馆酒楼门可罗雀，“永和”一个卖豆浆的，绝没有什么“高科技”，冬天能把冰激凌卖得如此火暴，到了夏天还怕什么呢？

景气低迷另外产生的故事就不像上面的几个那么美妙。许多企业现在不是什么创新问题，更不是什么投资问题，而是活得下去与否的问题。关闭、合并、重组，工人下岗、老总下台、公司换旗，这些都不是好事，需要政府谨慎对待。但是，事情也有另一面。景气低迷是完成市场重整和企业重组的良机。市场出清劣质公司，多半在景气低迷之时。所谓竞争优胜劣汰，多半不在景气高扬的时候。试想，谁的东西也卖得脱手，萝卜快了不洗泥，你说谁“劣”谁“优”？但是，一个经济要是没有优胜劣汰，产品如何更新换代？经济结构如何优化？经营活动的质量如何提高？所以，市道越低迷，企业越两极分化。憋到一定时候，该淘汰的淘汰，该重组的重组，该兼并的兼并。要是日日景气，“六亿神州尽尧舜”，海尔到哪里去吃“休克鱼”，科龙又在何处可以精挑“生猛海鲜”呢？

经济萧条的正面功能

上面的故事都平常，谁也看得见。但是，联想到经济增长，我们对市场不景气的认识恐怕也要“重组”。过去讲经济萧条和危机，只有灾难的一面。政策上就是如何调节景气，防止损害。原来以为经济波动只与“资本主义制度”有关，计划经济则可以消除景气循环，至少可以主动调整加以避免。现在反过来，大家认定西方发达国家可以成功调节景气，值得中国人学上三招两式。无论怎么180度地翻转运动，就是不能面对景气波动在古今中外都消除不了的现实（否则奈特的“不确定性”概念，怎么可以“活”到今天）。至于经济萧条对经济增长的“正面功能”，更被看做奇谈怪论。

但是，经济萧条对经济增长确有“正面功能”。妨碍我们看到这一点的，除了利益的原因，还有一些似是而非的概念和推理。比如，“卖方市场和买方市场”的分类。依我之见，这个分类之所以没有道理，在于它假设市场里产品和服务的质量是一样的。1989年，没标陈酒年度的古井卖不动，“五年古井”和“十年古井”买不到，问：古井贡酒是不是买方市场？1995年，单向开门的冰箱过剩，双向开门的冰箱短缺，问：冰箱是不是卖方市场？1998年，一般饭馆过剩，“永和豆浆店”短缺（否则为什么老是排队），问：饮食业是什么市场？三问下来，自知讲不清楚何谓买方市场、卖方市场。讲不清楚的原因，是分类概念本身有问题。冰箱、酒和吃食，每一个时期，买方市场与卖方市场都同时存在，某一品种质量的产品和服务“过剩”了，另一种或多种同时“不足”。推广开来，人类的衣、食、住、行、用，无不如此。在最不景气的时候，也存在着“卖方市场”，否则怎么会有经济增长？企业家不断开发新的产品和服务，不断提高产品和服务的质量，这就是企业家对经济增长的贡献所在。在这个意义上，企业家就是不断通过创新来制造“卖方市场”。这样的“卖方市场”多了，景气低迷就走出来了。

进一步讲景气低迷对经济增长有所“贡献”，不免显得突兀。但景气低迷导致的重组和创新活动密集，驱动经济增长沿着结构更新、质量品质提高和技术、组织创新的路径前进，恐怕是经济生活中不争的事实。这里有两种机制。一是商业低潮大大降低了企业组织在市场环境里“存活”的临界值，客观上会把在经济高潮时难免带来的滥竽充数的企业和企业家列入“淘汰名单”。二是低潮时期商业世界激烈竞争的冷酷现实，会以“不创新就是死亡”的压力逼迫企业家发挥潜力。结果，“沧海横流，方显英雄本色”。越是景气低迷、难度非常高的时候，市场越可以识别出优秀企业家。从上面几个故事可以看出，很多出奇制胜的动作是景气低迷时完成的。最重要的学习是这个时候进行的，因为在这个时候逼得你非学不可。现在全球讨论东南亚经济危机，人们热衷于分析原因、总结经验教训。但是有一个重要的学习机会似乎被忽略了：那些最优秀的企业和企业家（包括中国的），在急速的亚洲危机之中究竟如何应对？如何调整战略战术？如何创新图存的呢？

没有微观基础的宏观调控

凯恩斯以来，经济学家在景气低迷时呼吁政府运用经济政策刺激总需求、启动市场，但依我之见，把政府作为启动市场的诉诸对象，错得离了谱。我的道理是，政府是不可能直接提供突破“买方市场”的新产品和新服务的。能够提供这些的，只有企业和企业家中富于创新精神的那一族。诚然，政府对市场疲软（20世纪90年代早期的流行语）的社会经济后果极为关心，并承担着很重的责任。但是，政府终究是生产不出不带门把的冰箱的，就像政府也从来没有向市场提供过一瓶“五年古井”一样。能够提供这些的，是企业，特别是“企业家控制的企业”。至于政府用多印刷票子的办法“启动”市场，除了为下一轮高通货膨胀创造了条件，不会有别的效果。讲到底，除非有足够的企业和企业家创新活动，不以未来的高通货膨胀为代价，政府断然“启动”不了今天的市场。

财政政策又会如何呢？我的看法是，离开了企业家的行为，财政主导的基础设施建设是无法带动市场景气的。近十年来，中国的基础设施建设突飞猛进，但相应的经济问题也日积月累。多少富丽堂皇的机场没有几架飞机起降？多少漂亮的高速公路一年跑不了多少车？按照常识，我们不免要问：这些耗资巨大而又无人“买单”的“宏伟工程”，究竟到哪里去结账？流行的回答是，“基础设施建设必须超前”。超前当然很好，问题是要谁来为“超前”付费？无人付费，如何超前得成？就是有人付费，还要问一问，这个“费”将来要不要还？如果要还，就要问，还本付息的财务基础在哪里，以及谁来事先估计、预测和决定？显然的道理，政府不合适来做出这类决定，因为基础设施投资的还本付息期很长。政府定期换届，顾不了那么长。当期多修，政绩显著。但以后不能还，就会引起财政金融的麻烦。

现在不少经济学家说，为了拉动景气，中国需要一个“罗斯福新政”。这就是说，政府用税收修一批无须将来付费的基础设施。政府只是“投入”，而不是投资，因为根本不用还。这样既刺激经济景气，又形成一批“超前的”基础设施，岂不两全其美？按照传统的公共财政理论，政府用税收修公共基础设施，理所当然。凯恩斯以来，以财政政策刺激景气，为很多国家的财经精英们津津乐道。但是，有几点要当心。一是“无须付费”的东西，“需求”会无限；二是不以未来的收益为标准，项目合理性的标准就没有了——这两条使得政府“投入”的经济效果必定不好；三是所谓“无须付费”，最终还是来自政府从企业和居民那里课来的税。不景气时期，政府增加课税和开支，但企业居民的开支要减少，一进一出，对景气的影响会抵消。考虑到从企业居民“溢出”的收入转化为政府较低绩效的“投入”，经济不景气还会加剧。

更实际的问题是，我国已建的大量基础设施有待整合，“超前”而无人付账的基础设施已经不少。“为了景气”，再由政府主导突击“超前”一批，老账未结又加新账，又找不到真正付钱的主，那样的话，用不了多久就会发现国民经济承受不了如此“超前”。

因此，把市场景气低迷看成绝对的“坏事”，并诉诸政府“启动”市场是错误的。景气低迷是市场经济不可缺少的一个阶段。一个经济突破景气低迷并不难，难的是不以“预支未来”为代价。至于能不能在景气低迷的突破中提升经济生活的品质，真正达到经济增长，那就要各看各的气数了。其中的一个关键，就是企业和企业家在市场景气低迷时期的行为。中国已经历多年的高速经济成长，数量上的 GDP 长出了一大块，但经济活动质量和品位的提高，与增长速度相比远不相称。当前亚洲的金融危机和中国的景气低迷，自有其形成的道理。如果今天可以快速为危机和景气低迷“解套”，那么它在昨天就根本不会形成。当景气低迷来临时，经济学家试图“教导”政府如何调控经济、启动市场、摆脱低迷。但是在看了一些杰出的企业和企业家在景气低迷时的行为之后，我不免要问，除了诉诸政府刺激景气之外，难道在景气低迷中真的别无他事可干了吗？

体制政策要靠前

汇率机制僵硬带来的贸易顺差过大、基础货币过多、资产价格和 CPI（居民消费价格指数）的大起大落，不但给中国企业带来决策的困扰，而且影响体制政策的方向。道理简单，外需过旺就不得不压抑国内的生产和投资，这就形成了抑制性的体制政策。两年前，宋国青有一个比喻，人们怕车跑得太快，又不习惯用汇率、利率这类“刹车”，非在路上挖出一道道沟来强制降速。本来用刹车可以收放自如，可是，靠投资项目审批、土地供应、产业准入政策、环保、安全、劳动等体制性政策来调控，就没有那样灵便了。因为体制性政策很容易形成既得利益，为了限速，你放手让它设路障；等到要鼓励提速时，要撤那路障可难了。

所以，对经济下行的严重困难，我不认为仅靠宽松货币就可以解决问题。货币政策在应对可能的通缩方面有作用，该出手就出手。但也要看到，启动经济，还须把路修好、整平。否则，就是装满货币的车子冲了上去，也难免磕磕碰碰、颠簸不已。

经济活动的体制障碍只有针对性强的体制性政策才能扫除。在这个意义上，应对当前困难局面，体制性政策要靠前。

首先是取消临时价格干预政策，继续推进价格改革。人们总会对相对价格的变化做出反应，问题是价格体系能不能灵活地反映市场的变化。不让兰州拉面涨价是可以的，但商家被迫把拉面做细，最后消费者不会受益。要是有人以降低品质来对付物价管制，后果就更严重。所以，即使CPI、PPI（生产者物价指数）高企，也没有搞价格管制的道理。现在，物价环境松动，更应明令取消所有临时价格干预措施。要知道，离开了灵活的相对价格指引，连什么是内需、什么是外需也讲不准的。要让灵活的相对价格来告诉企业和顾客，引导供求之间的调整。

进一步的价格改革，不但包括一般商品和服务，还要推向资源价格、利率和汇率。近年的一个基本教训就是政府可以控制的只是名义上的相对价格，却无论如何也控制不了实际的市场相对价格。“管住”名义变量的结果，是误导产业和企业，延误经济调整的时机，到最后还是躲不开市场调整的现实。像汇率机制这样的问题，不准备重大改革，未来还可能再次酿成大祸。

第二是减税。这是政府刺激经济的措施里已经安排了的，问题是力度可能不够。因为仅把投资活动的增值税率调低，在企业实际投资额大幅度减少的条件下，减税效果未必有估算的那么大。何况偏向投资的增值税减少，可能有歧视就业和消费的效果。建议把增值税平头减去若干百分点，给当下摇晃要倒的公司一个立竿见影的帮助。个人所得税方面，有人建议提高起征点到5000元，有人建议8000元。都赞成，关键是出手要快、出拳要重。

只减税收、不减行政支出，财政的根基动摇，长远必有代价。至于政府发债搞建设和基础设施投资，是另外一回事，不能与经济困难时期政府减少行政开支混为一谈。“积极的财政政策”并不意味扩大政府本身的行政管理开支的水平，更不应该提升政府行政消费档次。否则，政府怎么与企业共度难关？

第三是扩大市场准入，继续推进行政垄断部门的改革。中国的储蓄率不低，为什么大量转为对外债权，同时国内又面临巨大的就业压力？原因很多，其中与国内某些高回报投资领域的开放不够有关。前几年的“非公经济36条”，有非禁即准的规定。当前要认真落实。不但非禁即准，而且有必要审查、收缩“禁”的范围。1998年后，我国在电信、航空、金融、电力等领域有过破除行政垄断的举措，这篇文章继续做下去，可以释放巨大的能量。

第四是清理近几年的政策性法规和条例，对产业政策、市场准入、投资、安全、环保、劳动等方面诸多法规条例，做一个系统评估，该坚持的继续坚持，该放松的赶快放松。再不把那些捆着经济实体的那些抑制性绳索解开，经济调整将更加困难。

第五，这几年为了防过热，政府一直严控“土根”。现在有必要审时度势，适度扩大供地。更要按照十七届三中全会的决定，在逐步缩小征地范围的同时，规范地启动集体非经营性建设用地入市，推动城乡建设，增加国内投资和建设的机会和总量。

总之，中国遇到的困难有多重由来，对症下药要采取不同的措施。体制性障碍涉及经济活动的制度成本，对经济行为影响极大。在货币政策已放松、积极的财政政策已出台之际，需要体制性政策靠前，才能激励人们的创业、投资和工作意愿。否则，修成了路却没有人和车在上面跑，不可能刺激经济增长。

以规则的确定应对结果的不确定

我想我自己并没有起码的远见，可以在这里有把握地谈论中国的未来。即使没有这场席卷全球的金融危机，中国的未来也充满着不确定性。作为一个拥有十数亿人口的大国，地域辽阔、内部发展极不平衡、过去的很多包袱还纠缠着她前进的步伐。在达到了人均2000-3000美元的发展高度以后，中国经济究竟还能不能持续、健康地保持高速增长，是一个没有确定解的问题。

的确，可以和未来中国30年最紧密地连接到一起的关键词，就是“不确定性”。在某种程度上，当下的这场金融和经济的危机，就是不确定性的一个证明。大家记得2007年领袖年会的时候，因为在会前做了一些调查，特别是在柳传志领导的联想投资的几十家中小工业公司的形势分析会上，听到了广东一家公司从业15年来第一次在2个月内没有得到一张订单，引起了很大的警觉。后来看了一些数据并做了一些实地访问，所以在2007年的年会上我就提出，虽然当时宏观方针还是防止过热，但是在企业层面可能要准备对付寒冷。即便如此，这顶多也只是从逻辑上认识到，过多的货币一定会出问题，正像过山车一样猛冲的市场价格，终究会遇到深谷。但是，对今年经济形势从骤热转向骤冷，特别是对2008年9-10月以来市场价格自由落体般的暴跌，当时还是完全没有预料。

这是一个要面对的长期议题。无论公司、行业还是国家，当没有预想的事情突然发生的时候，究竟怎样来应对？这个问题本身充满着矛盾性，因为所谓不确定性，在定义上就是说无法根据过去的经验来推断事件未来发生的概率。既然过去的经验甚至不能在概率水平上预测未来，那么应对又从何谈起？天有不测风云，我们到底怎么渡过未来的岁月？

破解这个难题，可以从一个基本事实出发。这就是上面讲到的不确定性，并不是现在才有的。它早就出现了，也一直陪伴着我们。任何公司、行业、国家在一路走来的途中，总不能完全避免不确定性的纠缠，人们总是自觉不自觉地在对付过不确定性。从事后才看得出来的成败得失中，我们可以获得经验教训，可以得到启示。利用今天这个机会，我就这个题目谈一点认识，就是以确定的规则来应对不确定的结果。

我们不妨先从体育比赛谈起。高度竞争性的体育比赛，结果总是不确定的。这正是大赛吸引全球亿万观众的原因。但是，比赛结果的不确定却要求比赛规则具有高度的确定性和明确性。任何短跑运动员都难以事先确定他或她是否一定比别人跑得快。但是，他或她也一定要明确知道，那个比所有人跑得快的运动员，一定是比赛的冠军。没有确定的比赛规则，运动场中人的努力就根本无从集中，也就不可能有精彩、结果不确定的比赛。

经济活动远比体育赛事复杂，但道理是相通的。没有非常明确和确定的规则，市场中人的努力和注意力，同样不可能集中于结果不确定的经济竞争，也就无从动员人们勇敢地面对未来市场的不确定性，尽最大努力争取收益、避免灾祸。

那么，哪些确定的经济规则对未来具有特别重要的意义呢？第一，积中国过去30年的经验，或许还要加上更远久年代的教训，我们认为一个可靠的企业制度具有基础的意义。这是一套关于企业创立、营运、兼并和破产的规则。其中最重要的，就是要保护创业者人力资本与财务资本的合法权益，从而鼓励社会的方方面面，把资源投入到回报极不确定的在市场里创办企业的过程中来。这是我们走过了历史的弯路，终于找到的承认、保障、鼓励多种所有制企业并存、平等竞争的一条路径。这一点无论如何也不能动摇。

企业是对付市场不确定性的组织。既然没有人可以事先打保票，对一个企业的投入一定可以得到多少回报，那就要有很确定的规则：投入企业的资源所有者可以获益的权利一要得到明确的保护！这个规则很抽象，因为对应的内容完全没准，究竟有多少获益、还是赔本的买卖，甚至血本无归？事先根本不能保证，能明确的只是投资获得回报的权利。这是企业制度的基础，否则就没有办法动员人们把资源放到市场里的公司来与不确定的未来搏斗。这是决定未来能不能健康发展的一个重要基础。拿我们国家的实际情况来看，现在与改革开放早期相比，对创办多种所有制企业的歧视已大大减少了，企业经营的环境也显著改善。但是，进入到细节观察，某些歧视依然存在，过高的制度费用还是妨碍企业集中注意力对付市场。所以，当前的危机也是一个机会，有利于进一步消除歧视、改善企业运营环境，形成一个各种企业真正平等竞争的局面，其中也包括新创办企业和老企业之间的平等竞争。要有一个非常牢靠的基础，动员人们把资源、精力、能力和企业家精神放到企业中来，虽然结果不确定，但只要有正的结果，就一定有正的回报，正如有负的结果，也一定承担责任和损失。这是对付市场不确定性的最基础的确定性规则。

第二个确定性的规则，就是要由反映供求的价格机制来指导资源配置，使之成为全部资源配置的基础。价格是灵活变化的，但靠价格机制发出信号引导生产则是非常确定的。这是因为，无论今后的中国经济增长率会减缓到什么地步，中国已经是一个大经济，再也不像一个封闭的村庄经济，可以按照自家或邻居的需要直接指挥生产。作为一个开放的大经济，唯有抽象的、变动的相对价格才能准确而灵敏地显示社会的真正需要。政府不应任意对价格的变化进行行政干预和管制，因为那将阻碍供求信息的传递，妨碍资源的有效配置。

第三个就是货币的稳定。这场全球性的金融灾难，讲到底是货币问题，就是政府控制的法定货币的发行，远远超出了经济增长的需要。在某些短期压力下，首先是美元的增发和超发太多，并作为全球储备货币和主要结算货币影响了全球经济。中国作为一个后起的发展中大国，究竟怎么处理好自己的货币，怎么让人民币拥有制度上的稳定性和规则上的可靠性，杜绝在任何短期压力下依赖超发货币“振兴经济”，还是一个有待探索的难题。不过这次因为货币超发带来的资产价格从飞涨到飞跌，从通胀到通缩，应该让产业界和企业认清，货币规则的不确定一定带来信息的严重误导，最终带来“措手不及的打击”。中国要争取未来的健康增长，就要努力使确定性的货币规则高于倾向于相机调控的权威。

再一点就是税收。任何经济增长不可能没有强大的国家保驾护航，而强大的国家就要靠有效的税收来维持。但是，税收具有合法强制性，容易被利用过度，从而适得其反。作为一个转型经济，从农业经济转向工商业，从计划经济转向市场，确实要发生税种和税制方面的巨大变革。但是，作为合法强制性的税收体制，本身又要具备程序合法的严肃性，不能成为一个过于灵活的调控开关，想拨一下就拨一下，增加各方面对未来的人为的不确定性。税制改革还是要坚持简化税种、降低税率、普遍征收的基本原则。离开一个确定的税收环境，企业和企业家对付市场不确定的搏斗意愿就会下降，那不但是企业的损失，也是整个社会包括政府的损失。

考虑到税制变革与稳定之间的矛盾，有一点可能重要，就是要把总的税负在国民收入中的比重，在宪法层面确定下来。现在的经济困难，很大程度是国民收入的大分配出了问题，就是居民家庭占有的比重偏低，政府的比重偏高。在这种情况下，所谓启动消费或拉动内需，就不容易办到。因此，要考虑一个税收总量的稳定比例，加了这个税，就要相应地减少其他的税。中国要在未来成为伟大的国家，一定要在这件事情上达成政府、企业、居民之间最基本的一个共识，有一套制度限制，不要让合法强制性的税收变成一个过度使用的权力，导致投资、创业、生产的意愿下降。

最后，所有影响市场行为的法律，要有很高的稳定性、可靠性、透明性和变更程序的权威性。这是转型当中不断会遇到挑战的问题，即法律的稳定性、权威性和转型经济难以避免的变通性之间的矛盾，究竟怎样处理为好？我想根据这些年的经验教训，包括新劳动合同法颁布以后遇到的问题，要考虑一条很中肯的意见，就是凡是没有很大把握的法律，或者只经受了经济高峰的检验、却没有经受经济低谷考验的法规，一定先在地方和局部进行试验，然后才可成为全国性的正式法律。贸然立一个法，经不起经济低迷的考验，受损害的就不但是产业和市场，而且连带国家法律的权威。

总起来说，基本规则的确定，有助于动员人们振奋企业家精神去应对结果的高度不确定。中国的老话说，“以不变应万变”。这是了不起的传统智慧。今天要强调的是，以不变的规则应对万变的结果。

最后，我想讲“不确定性”其实是中性的。它不一定意味着仅仅就是灾难。不确定性也可能是未曾预料到的、非常好的结果。今天的中国再困难，与1978年以前相比也不可同日而语。要是还站在1978年，我相信我们没有人可以从那个时候的过去，推断出未来中国30年、也就是2008年中国的经济图景。从这点看，中国今天取得的成就，在当时来说也具有高度的不确定。这是意想不到的机会、意想不到的发展、意想不到的财富。所以，如果我们在法治社会与市场经济的基本制度方面，经过改革奠定一个扎实的基础，那么未来的中国不但可以在这个基础上应对那些灾难性的不确定性，而且也可以在这个基础上承接机会、承接运气、承接未来。

以法律约束政府总支出

取之于民的财力难以自动用之于民。因此对政府开支行为的审计和监管就不可少。但是，审计和监管本身也要耗费公共资源。这就遇到了一个悖论：以增加审计和监管费用来减少政府开支的浪费、挥霍和贪污，真的就可以增加用之于民的财力吗？

答案是否定的。道理浅显不过——增加对政府开支的监管，固然可收到减少财力浪费的效果，但监管费用不能给人民带来直接利益，也是一种损耗。这里一共有三个量：被滥用的财政开支总量、审计和监管费用的增量以及因加强监管而减少被滥用财力的增量。假定滥用总量为10亿元人民币，加2亿元审计和监管开支可减少3亿元滥用，再增加2亿元监管开支又减少2.5亿元浪费，最后增加2500万元费用、节省2500万元损失——事情就平了。问，此案未用于民的总量几何？答案是正好10亿元。

推论也清楚：若不引进其他限制条件，用之于民的财力并不会因为强化对政府开支的审计和监管而增加。这条推论的基础是经济学里大有名堂的“租值耗散”定律，不会错。那么，这所谓的“其他限制条件”，究竟是什么？

一定是那些能够减少被滥用财力总量的条件。记住，从争取更多财力用之于民的立场出发，真正的关键是减少被滥用财力的总量。要是这个总量的水平不降低，单靠增加审计和办案的费用，加到一定数量再加就得不偿失。而无论怎么加，都是社会损耗的增加。

究竟引进哪些限制条件，才可以减少被滥用财力的总量呢？很多。比如改变弥漫于官场的奢靡风气；比如大幅提高官员的道德水准；比如完善财政纪律和规章；比如增加政府财政活动的公开性和透明度；比如强化人大、舆论和公众对公共财政的参与。只要切实做到，上述每一项都可以降低财力被滥用的总量。

但若要问，有没有哪一项限制条件，简明、易行，可收到立竿见影之效，又与任何其他限制条件完全不矛盾？我认为有，那就是以法律约束政府总开支。这件事情的要点有四个：第一，正式立法，最好在宪法里有专门条款。第二，政府开支总量，可以是绝对量，也可以是占国民所得的一个比例；从容易坚持的角度看，比例量远为可取。第三，约束政府总开支，就是约束政府总收入（包括税收、国债和其他收入）。第四，立法约束不是绝对不变，而是变要讲程序，不能随意变。

为什么以法律约束政府总开支，就可降低被滥用财力的总量呢？最明显的是，约束了政府总开支，也就约束了被滥用财力的总量。夸张一点想：如果法定政府总开支不得高于国民所得的30%，那么即便全部财力都被滥用——这当然是不可能的——滥用总量也就是30%。为政府总开支安装上法定的闸门，可以关住被滥用财力的总量。

以法律约束政府总开支，对降低财力被滥用总量的影响巨大。

为改善收入分配，为调控经济，为各种长远和短暂的紧迫需要，增加国债、税收和政府其他收入的呼吁、建议和主张，几乎无日无之。都有道理，但所有道理加到一起，可以加出一个大错来——政府总收入增加过快，与国民经济的总体水平脱了节，更与防范公共财力被滥用的能力脱了节。

有专家曾把税收占GDP的比例，定义为“国家能力”。他们也许是对的，但要靠想象才能假定，取之于民的全部可以用之于民。在财力的取、用可能分道扬镳的真实世界里，我们不能离开防范公共财力被滥用的实际能力来鼓吹增加国家财力。记得西游记吧，一个唐僧，要配上猪八戒、沙和尚和孙悟空，才能从西天取经回来。要是三个唐僧配一个猪八戒，结局会怎样？至于近来有人不知所谓的“大政府”言论，不过是把十个唐僧打包送上西天的伟大主张。

加一个以法律约束政府总开支的限制条件，各种增加政府收入的主张就必须互相竞争。专家们不能仅仅论证“增”的理由，而且要论证“优”的根据，更要为“减”献计献策——否则就什么也加不进去。专家意见之间的竞争程度提升了，有利于人大、舆论和公众作出正确的判断。

最后一点很重要。在一个行政主导的体制里，公共财力用途究竟何在、利用效率究竟如何，信息掌握在政府部门和关键官员手里。以法律约束政府总开支，政府内部各机构和各层次争取国家财力的竞争也增加了。这样，政府部门和官员们就互相“盯得紧”，也应该更乐意配合审计和监管部门约束其他部门的开支行为。就是说，行政部门和官员的信息优势，可为减少财力被滥用而用。

能够做到以法律约束政府总开支吗？难。反正西方发达国家没有一个做到过。美国几乎做到，1982年参议院以2/3的多数票通过了“平衡预算限制税收”的宪法修正案，但众议院表决少了两票；1994年共和党“与美国缔约”，包括了一个增加税收必须得到国会绝对多数通过的修正案，最终以1票之差功亏一篑。欧洲的福利国家就不要谈了。这也许说明，民主投票的政制难以立法约束政府总开支。

西方以外的世界如何？没有查过。中国历史上，康熙皇帝在1711年颁布过“人丁滋生，永不加赋”的诏令。据史家考证，田赋的征税部分，“永不加赋”言而有信，但杂费和其他猫腻，却从来没有干净利落过。田赋以外，清代商业流转税似乎永远在加。更重要的是，“永不加赋”约束的是税收绝对量，真的百分之百做到，则政府财力不能随经济总量增长而增长，一旦有事，“国家能力”危矣。

还是放眼未来吧。中国可以做到以法律约束政府总开支吗？不敢说。敢说的只有一点，如果做到，“中国世纪”云云，就划出了最重要的一条底线。在这个意义上，四分之一世纪的改革开放带动的经济成长还能不能持续，成败在此一举。

房价问题的政治学含义

2005年以来，政府出台了一系列房地产政策，改变了房地产市场的形势。其中突出的一点，是把房价问题提到政治高度来对待。我认为，房价问题确有政治含义。怎样处理有政治含义的经济问题，是转型经济要面对的一个挑战。本文借助历史经验对问题做了初步的讨论，中心论点是，尊重经济规律将有助于处理有政治含义的经济问题。要实现平抑房价过快上涨的政策目标，除了审查和管理需求的形成，还特别要注意推进供地机制的改革，发挥房地产及其要素供给方面的竞争机能，减轻供求失衡。

为什么房价问题具有政治性

房价是一个经济问题，但具有很强的政治含义。这里所说的“政治”，取自孙中山先生的定义：政治是众人之事。由于当今“众人”的利益发生了分化，因此人们对同一种经济现象常常有相去甚远的感受和看法。这样，不少经济问题成为众人之“事”，也就是经济问题有了政治含义。

房价上涨过快，是最近两年比较突出的一个经济现象。面对房价较快的上涨，众人的感受绝不相同。对于已经买房的人来说，房价上涨意味着家庭财产的市值增加，但对于还没有买房或正准备买房的家庭来说，房价上升就意味着痛苦。反过来，房价下跌，已购房者可能叫苦不迭，欲购房者却喜上眉梢。是的，同样的房价变动，众人的利益和感受绝不相同。

有一个概念叫“房价收入比”，指的是一个人的收入减去日常开支，需要多长时间才能买一套房。“房价收入比”越高，人们指望靠自己的收入购买自有住宅的期望年限就越长。要是这个比率太高，新参加工作的年轻人势必觉得购房将是一种遥遥无期的梦想。还有一种情况，在房价涨得很快的情况下，那些收入增加赶不上房价上涨的家庭，尚存的购房希望可能化为泡影。

房价的变化还会影响城市的布局。房价越高或者升得越急的地方，这种影响就越严重。2005年我到上海，听当地朋友调侃说，大上海已经分成了三个圈——最里面的圈讲英语；第二个圈讲外地话（其中许多人好像讲温州话）；而“阿拉上海人”则处在了最外面的一个圈。这是今天很多上海人所发的牢骚。虽然我们知道，纽约、伦敦、东京和香港这些国际化的大都会，市中心都住了很多“老外”和非本地居民，但那些地方差不多是经过了几十年、上百年才形成的。上海的快速变化就是最近十年，不免让很多人心有不甘。这里“众人”的分歧因为中国的开放还涉及“老外”，其政治含义就更加微妙。

在中国，对于赶上公益性分房末班车的家庭，房价上涨至少有助于奠定他们进一步改善住房条件的基础。但是，对于从没有机会分到公家房子、今后要在市价的基础上购买房子的家庭，房价上涨就只意味着痛苦的增加。不用说，我们无从指望这两类家庭——都是“众人”的组成部分——对房价变动有共同的感受。

更严重的是，持续的房价上涨一旦进入人们的预期，有一些经济行为必定会发生。有人买房不再为了居住，而是等着涨价后转手卖出——所谓“投机”和“炒房”是也。虽然“投机”和“投资”行为其实很难准确地区分，但如果通过倒手房地产这种“不劳而获”的活动就可以轻易赚到大钱，人们有理由担心本来就比较严重的收入差距可能进一步扩大。

与炒房相关的还有住房空置问题。甚至连美国《纽约时报》也报道，上海有1/6的高级住宅没有人住，北京是1/4，深圳是1/3，并指出未来中国房子的空置率还会进一步上升云云。虽然我们都知道，城市的住宅空置并不是单单由炒房这一个因素引起的，但确有许多房子空置，同时很多家庭的居住条件还非常差，或为买很小的房子而操心，这当然引起社会的不满和紧张。

最后就是房地产开发商的“暴利”。大牌房地产商在多种富豪排行榜里名列前茅，一些媒体指证有房地产商的投资回报率高达百分之几百，以及越来越多的大公司进入房地产开发的行列——这些对公众来说都是房地产有暴利可赚的证据。由于房价上涨让开发商深受其惠，于是人们怀疑是开发商操纵了楼盘的市价。加上征地和拆迁中的大量丑闻，以及花样百出的销售楼盘的商业手法，使众多民众认定房地产商人是当代“无商不奸”的典范。

但是不要以为，对房价看法的分歧仅仅以“穷人”和“富人”为分水岭。上海、北京、深圳很多大公司的老总——虽然他们本人一般被看作富人——也担心房价的进一步上涨。道理很简单，上涨的房价降低了这些公司对本行业优秀人才的吸引力，从而威胁到公司的竞争力。同样，持续推高的“商务成本”，对处于激烈的招商引资竞争中的各地城市都是坏消息。地方政府在获取高地价带来的高财政收益的同时，也要面临地方竞争力下降的挑战。

把这些方面加到一起，房价问题就具有了政治含义。本来市场可以把不同利益的群体连接起来。市场的基本办法是比赛出价——大家都要得到商品和服务吗？那就出价高者得，而以出价论高下不能不涉及出价的能力。问题是，在一个急速转型的社会里，人们出价能力的差别不仅与各自努力程度的差别相关，还与其他许多人们并不一致认可和接受的因素有关。人们不接受收入机会分布的现实，就不能普遍、稳定地接受按出价高低分配资源的市场准则。既然出价准则不能普遍地生效，非市场准则——种种政治干预——就怎样也挥之不去。

历史经验的启示

并不是只在房价问题上才显示政治含义并要求政治干预的。类似的具有政治含义的经济问题，我们早就似曾相识。在改革的历史上，许多涉及大众的消费品从计划体制转向市场供求，都经历了经济问题政治化，然后才逐步回归为普通的经济问题的过程。日常产品如菜、猪、粮、油等，在一段时间内突然都非常“政治”，都必须提到政治高度来加以处理。但是过了一段时期，菜就是菜，猪就是猪，粮也就是粮。其间的经验，我认为今天处理房价问题时可以参考。

从江西的“生猪保卫战”说起吧。那是20世纪80年代中期，广东商贩到江西收购生猪。由于率先开放的广东人率先富裕，广东人的出价就大大高于江西本地。结果，非常符合经济逻辑，江西的生猪和农副产品就大量流入广东。但是这样一来，江西城镇的猪肉供应就成了问题。要江西人在市场上以购买力与广东人争高下吗？不可能，因为江西开放晚，人民的购买力低。但是，江西城镇更不可能因此就不供应猪肉——那就是政治问题。结果就是用政治办法解决经济问题：江西政府下令封锁省界，规定在没有完成本地收购任务之前，不准江西的生猪运往广东。一时间，商贩要破封锁线，政府要守，双方开打攻防战，粤赣边界有过不少火暴场面，有的地方据说还动了枪——经济问题的政治含义不可谓不严重矣。

让我们分析一下。广东人出高价收购江西生猪，对广东的消费者和江西的生猪生产者都有莫大的好处，但是在给定的限制条件下——江西城镇人民的收入无法与率先开放的广东相比——却要损害江西城镇人民的利益。反过来，江西政府封锁省界，命令江西农民先完成本地生猪收购任务，本地城镇可以保证猪肉供应，受损的却是广东买家和江西农民。

有什么两全其美的解决办法吗？其实没有。人们既不能要求广东人“克制”一下出价的水平，也不能“建议”江西城镇居民通过减少其他消费来提高对生猪的出价，更无法说服江西农民，似乎只有把生猪卖给出价低的本地居民才是最好的选择。

在当时的情况下，既然江西省政府管不了广东的高出价，剩下的就只有在养猪的本省农民和吃肉的本省城镇居民之间“开罪”一方。两害相权取其轻，封锁市场，逼迫农民多做一点“贡献”，总比摆平城镇副食品供应要相对容易。当然，也不是全部彻底封锁市场，更不是要求江西农民产出的生猪全部卖给出价低的本省市场。那样对农民利益的得罪太大。实际做法如上所述，是江西省规定一个交售定额，完成任务就可以向广东卖高价！

正是这种时开时闭的封锁线，以及完成任务才开放市场的招数，才帮助渡过了两省三方利益纠葛的难关。现在当然再看不到什么“生猪保卫战”。事后总结经验：第一条是一旦经济问题的政治含义严重起来的时候，就不可能完全按照经济规律解决问题；第二条是在运用政治和行政命令的手段解决经济问题的时候，要给经济规律留下空间。讲到底，问题的最后解决办法，还是离不开把高端的（广东）市场需求传递到江西农村，使之成为刺激供给的积极力量。等到供给方的投资和技术进步发挥了作用，生产大大增加，才可以满足从高端到低端各层次的市场需求。这时——也只有在这时——经济问题的政治性才完全褪色，商品才成为按市场机制调节供求的普通商品。

增加供地抑制房价过快上涨

今日房价问题在经济和政治含义两个方面的严重性，远非当年的猪、菜、粮、油问题可以比拟。住房是耐久性资产，事关居民家庭长时间的居住和生活，也关系到消费、投资、家庭金融财产及其继承。更为复杂的是，当今社会的收入差别远不是当年的简单局面，加上开放和跨境流动的需求，住宅供求的市场总量和结构复杂程度，都使昔日生猪之类的问题仿佛小巫见大巫。

如果说，当年小小的一个生猪问题，不损害或限制某一方的利益，就断然不能保证其他方利益的话，那么当前在房价问题上，要让不同利益群体八面叫好的可能性简直就等于零。这就是说，无论怎样仔细地抉择，也要损害，至少是限制一方或几方的利益。所以，处理房价问题——限制哪一方或哪几方的利益、限制到什么程度以及采用什么方式——在本质上就是一种政治决定，要靠政治感觉、政治判断力并经过政治程序去执行。我们对那方面的限制条件基本无知，没有发言的权力。

我们只是提出，昔日处理生猪的经验仍然不失为一种有效的参照——在采取非用不可的非经济手段解决有政治含义的经济问题的时候，要尽可能给经济机制的发挥留有空间。因为事后才看得清楚，最后解决问题，还要靠市场需求刺激供给方面的竞争，并通过供给的竞争来刺激生产的增加，直到供给有能力满足多层次的市场需求。

为此，我们有必要把房价的政治含义搁置一旁，集中分析房价上涨的经济原因和平抑之道。我的观点是，无论派生出来的现象多么纷繁复杂，房价上涨最简单，也最基本的原因就是市场对住房的有效需求没有得到满足。为此，有必要审查市场住房需求的形成，但更有必要审查供给能不能及时得到需求信息，并对之做出反应。

这里有一个重要的枝节需要说明清楚——究竟房价拉动地价上涨，还是地价推动房价上涨？我的看法是，只要资产的市值是该资产所带来的未来收入流的折现，我们就永远不能说，地价的上涨“带动”了房价上涨。相反，应该是房价上涨，导致人们预期土地的未来收入流的增加，才最后刺激了对土地的需求从而导致地价的上涨。

但是，土地的供应量又的确影响房价。我的理解是，任何已经形成的需求都包括高位、中位和低位，在图形上看总是一条斜线。满足这条需求线的基本机制，是供给方的竞争。要是供给竞争不足——比如供地数量过少——市场对房产的需求就永远只实现高端部分。由于成交的只是高位需求，能够观察到的就是房价很高。

比如市场上有人要卖宝石，有人要卖针线，但只有一小块商铺用地可以供应。结果，当然是卖宝石的出高价得地，而人们看得见的就是商铺价位高企。但是不要忘记，市场上还有卖针线的低位商铺的需求没有被满足。卖针线的没有地盘，有权破口大骂，但骂声对商铺的市价没有影响。要影响商铺市价——使之降下来——唯一有效的办法就是增加商铺用地的供给竞争，因为供地竞争的逻辑结果一定是增加供地、降低市价。竞争到某一个程度，卖针线的也能“商者有其铺”，他继续骂娘的机会成本立刻就上升了。

上述分析可以得到经验支持。香港特区1997年后宣布增加供地，房价应声而跌。我们看近几年全国土地开发量与商品房销售价格两个指数的走势，发现土地开发指数下来不久，房价一定上升；土地开发指数上升，房价就下来。其中的道理，有意平抑房价者，不可不思考。

从体制上看，目前我国只有政府征地，然后批租给市场才是唯一合法的途径。这种政府集中供地的模式，除了分配方面的严重问题，最大的缺陷就是不能对市场土地需求的变动做出及时灵活的反应。如果是民间私人卖地，地价上涨，各家竞卖，供地数量自动增加，地价就被平抑住了。但是政府集中供地就不一定了，因为政府往往要受许多非经济因素的干扰。就是单纯从经济方面打算盘，政府独家垄断供地也能导致供地数量的不足。

我国地方政府之间的竞争，实际上抵消了政府集中供地模式的一部分影响。这应该是我国从1998年以来，房价指数通常都低于物价指数的一个基础。2004年中央政府为了加强宏观调控，有半年时间在全国范围停止供地。在这种情况下，房价指数迅速超过物价指数，说明供地数量对房地产价格有重要的反向影响。

进一步分析，房地产是非常地方性的市场，由中央政府集中调控，大起大落、此起彼落的危险性很大。所以当务之急，也不是请中央政府指挥全国增加供地来解决问题。重要的是推进供地体制和机制的改革。好在这方面的内容——土地制度的改革，特别是农村集体建设用地直接入市的改革——已列入国务院改革的大纲。最近广东省通过地方性法规，从2005年10月1日起率先实行农村集体建设用地直接入市的新体制。这对全国将有重要的影响，也提供了改变我国现行城市化供地机制的契机。对这件事情，我已经为文做过解读，这里不多谈了。

转型期城市就业也需“软着陆”

在缓解城市就业的政策上，我们首先要批评“放宽货币政策，刺激经济增长，减缓城市失业压力”的考虑。其次，要批评“清退进城农民工，为城市下岗工人腾出位子”的思路。正确的选择是以下政策组合：一方面，坚决推进城市国有企业体制在用人制度和工资福利制度上的改革，形成竞争性的城市劳动力市场；另一方面，谨慎推行一系列配套政策，缓解转型期城市失业和再就业的压力。

当前和今后一个时期严峻的城市就业形势，是20世纪90年代以来我国城市化加速和国有企业改革推进这两股潮流交汇的结果。这个形势，与其他许多转型经济仅仅面对国有部门改革的困难不尽相同，也与一般发展中国家在城市化加快阶段面临的社会经济紧张有别。目前中国面对的是体制转型和结构调整两个方面重大变化的叠加。问题集中表现在城市就业领域，背后却是国民经济多方面矛盾的综合。在我看来，方向明确而坚决的城市国有部门改革推进，将有助于从根本上解决长期以来我国劳动力资源无法有效利用的严重问题，因此改革不可因为城市就业问题的短期压力而再行拖延。同时，存在着推行一系列配套的改革和发展政策来减缓城市下岗、失业和再就业形势的现实可能性。中国在成功地取得消除可能的恶性通货膨胀的“软着陆”经验之后，需要另一次“软着陆”来积累对付转型期城市失业和再就业问题的经验。

当前城市就业问题的由来

首先是城市化加速和农村劳动力向城市的流动和集中。20世纪80年代以来，改革校正着以往“工业化超前而城市化滞后”的发展模式，我国城市化速度加快。1985-1994年，我国城市化率达到28.6%，9年间每年新增城镇人口1023万人，占同期平均新增总人口的65.8%。由于我国城市化指数以正式城镇人口占总人口的比重来测定，而近年大量已经流向城市就业和生活的农民工并没有被包括在城镇人口统计之内，因此上述统计可能低估了我国城市化的实际进展。根据作者参加的一项劳动部研究项目的调查样本推算，1994年在地级市、省会城市、大城市和中央直辖市稳定就业的民工已达2300万人，在县城或县级市有1600万人，加上3300万人在城乡之间流动的民工中的一部分（计入 1/3），总共有5000万农民工在县城以上的城市就业。加上这部分进城农民工，从20世纪80年代中期以来，在每年新增1023万人城镇人口的基础上再加计500万人，应该是合理的估计。这样，1994年我国城市化率的真实水平当在32.8%，而1985—1994年每年平均新增的城镇人口当在 1500万人，可与同期每年新增总人口持平。

其次是城市就业形势发生了前所未有的变化。具体表现为：

(1) 国有部门吸收城镇新增就业数量的减少和排放“再就业”数量的增加，使国有部门在城市劳动力市场上“进口”的劳动力数量减少，“出口”的劳动力增加。据国家统计局的资料，1978年国有部门吸收新增就业392万人，占城镇新增就业总数(544.4万人)的72%。到1994年，全国城镇新增就业总数715万人，比1978年增加170万人，但国有部门吸收城镇新增就业的总数反而从392万人降为294万人，减少近100万人，只占城镇全部新增就业总量的41%。近两年的最新情况是，在市场竞争中日益暴露出来的国有企业的设备老化、结构不合理、管理不善和亏损严重，使其再也无法继续以“隐性失业”的办法容纳冗员。据估计，1990年以来，国有部门已经“下岗”的员工为1500万人，而在“九五”时期，国有部门还将下岗员工1500—2000万人。总计在10年之内，国有部门要向社会排出3000—3500万人需要再就业的职工，平均每年300万人。国有部门的净就业增长已经为零，进一步的趋势很可能为负。

(2)新一轮“重工业化”带动的资本集中化趋势，使得我国投资和国民经济增长的就业弹性下降。1991年第四季度以来，重工业增长速度持续超过轻工业，改变了20世纪80年代轻工业带动经济增长的格局。已有研究表明，新一轮重工业化不再是以重加工业为主导，而是以基础产业和基础设施为主导，特征是平均投资规模巨大、投资结构中第三产业投资的增长速度大大超前，以及经济增长主要由投资需求拉动。但是同时，新一轮重工业化也导致投资和经济增长的就业带动的减弱。1985-1988年，扣减掉物价指数，全社会固定资产投资每增加1%，社会总就业增加0.21%，其中非农就业增加0.43%，城镇就业增加0.27%；1991-1994年，上述三项就业指标分别仅为0.03%、0.11%和0.06%。这就是说，扣除物价影响的社会总投资所带动的总就业量，进入20世纪90年代后趋于减少。国民经济增长带动的就业增长也有降低趋势。1986-1990年，我国GDP每增加一个百分点，社会总就业就增长151万人；但1991-1995年，该增长仅为85万人，下降44%。

(3) 与上述两个新变化并行的，是我国原有计划经济模式的强大惯性。在原有模式下，资源可以倾斜式地流向计划部门认定的“重点产业、部门和项目”，但无法顾及资源的真实成本、机会成本、综合要素生产率和投资回报。其后果，资源配置背离经济要素的相对市场价格，导致经济效益低下。这个计划模式虽然已经发生了相当大的改变，但我国要素市场发展滞后、投资体制改革滞后，仍然是基本事实。一个可观察的现象是，由于制度性的扭曲，劳动力市场价格相对于资本价格仍然显著偏高。特别是，国家银行的利息偏低，而国有部门劳动力价格偏高。因此，投资的资本密集倾向在微观水平上是理性行为。更为严重的是，体制惯性使社会总投资的配置仍然存在着严重的部门歧视和所有制歧视，一些经济效益和就业效应都差的部门获得大量投资，而效益好和就业带动大的部门，投资份额却很小。

上述三个因素一起限制着城镇就业需求的总规模。相对于农村劳动力向城镇流动和后备劳动供给在城市的集中，近期我国将可能面临一个城市就业需求严重不足的局面。劳动经济学家发出警告，一个新的失业高峰已经到来，并可能持续到“九五”末期。当前和今后一个时期，我国国民经济不得不面对农村劳动力向城市流动加快与城市长期隐性失业公开化并存的新问题。

解决城市就业问题的有关思路

在缓解城市就业的政策上，首先要批评“放宽货币政策，刺激经济增长，减缓城市失业压力”的考虑。因为目前的通货膨胀率虽然已经下降，但国民经济由于国有部门（包括国有企业、国有银行和政府部门）改革滞后带来的大量潜在矛盾远没有从根本上消除。这几年虽然一直在讲“从紧”或“适度从紧”的货币政策，但实际增发的货币量并不是很低，通货膨胀形势重新恶化的可能性依然存在，潜在的金融危机表面化的危险性并没有消除。在这种局面下，放宽货币政策不可取。另外从经验看，宽松的货币供给刺激的经济高速增长，会引发更大规模的农村劳动力向城市的流动和集中。宽松的货币政策并非一定能够缓解城市就业压力。最后，从根本上看，目前我国城市就业问题的根子是国有部门的体制。迄今为止，率先发展非国有经济也好，“政策向国有经济倾斜”也好，局部的枝节问题上的改革也好，都被证明没有解决国有部门如何在国际、国内市场里靠自身的竞争力，而不是靠政府保护垄断、财政补贴或银行输血生存的基本问题。放宽货币政策替代不了国有部门的改革，而只能在表面的高速增长和经济繁荣下掩盖问题，继续制造可以避免或延缓国有部门实质性改革的幻觉。

其次，要批评“清退进城农民工，为城市下岗工人腾出位子”的思路。第一，限制竞争妨碍农民向更高生产率的岗位和部门流动，既不合乎效率原则，也违背社会公平。第二，限制流动和竞争的传统思路在今天的情况下只是听起来还有效。事实上，几千万农民工之所以在城市里可以站得住脚，经济上的原因就是进城农民劳动力的质量和价格在城市劳动力市场上有竞争力。今天城市居民购买劳务和产品的选择权和企业的招工选择权，并不受政府控制。这几年在一些地方似乎一直在“清退农民工”，但好像总是清而不退，原因就是市场在选择农民工。另外，经验表明，城乡劳动力在城市劳动力市场上的竞争，不但是改革的结果，而且首先是改革的动力。限制和削弱这种竞争的强度，就无从推进城市国有部门用工制度的改革。再说，政府即使有本事限制农民工进城并“腾出位子”，是否有人领这份情还是疑问，否则原来城市里“有人没事干，有事没人干”的尴尬情况是从何而来的？

正确的选择是以下政策组合：一方面，坚决推进城市国有企业体制在用人制度和工资福利制度上的改革，形成竞争性的城市劳动力市场，绝不因为当前和今后一个时期内城市就业形势的紧张而动摇改革的决心；另一方面，谨慎推行一系列配套政策，缓解转型期城市失业和再就业的压力。

要积极推进目标明确的国有部门改革，这一改革可能会降低城市工资和福利水平，也可能会增加公开失业率，但最终结果会降低城市期望工资水平，从而调节进城农民工的流量，减缓城市劳动力供给的增长。许多发展中国家农民大量进城、引发“大城市病”的根源，并不是基于市场原则的自由流动，而是福利方面的“城里人补贴或进城补贴”，刺激了农村劳动力过度向城市的集中和流动。中国前几年的农民工浪潮，是城市化抑制松动条件下对“过高的城市期望工资”的一种反应。现在展开的国有部门改革，把脱离劳动生产率的城市期望工资水平降低下来，不但是将国民经济的增长置于工资反映生产率的可靠基础之上，而且也从根本上消除了脱离经济发展水平的过度城市化。在这个意义上，改革才更稳，改革才更安全。

坚决地推进改革方针需要谨慎的配套政策。所谓配套政策就是其他有关方面的一系列改革配套。其中特别重要的是：

(1) 加快资本利率市场化的改革，使我国各个产业领域的资源配置，更合乎资本稀缺、劳动力相对过剩的现实，在同等的经济增长速度和投资规模下，更多地利用劳动要素，合理增加就业需求。

(2) 进一步消除城市企业发展中的所有制歧视，特别是资金贷放方面的所有权歧视，放手发展多种经济成分，充分利用民间企业家资源，增加就业。

(3) 调整城乡企业税负和其他各项社会负担，鼓励生产和创业；为缓解城市失业压力的必要财政开支应由财政开支结构调整解决，绝不能增加仍然开工的企业的税负负担。

(4) 结束基本农产品市场化改革的摇摆和徘徊，由市场机制而不是行政管理制度来调节农业和商业结构的变化，增加农业、商业和农村非农产业的收入水平和就业容量。

(5) 进一步消除体制和政策障碍，增加劳动密集型产品和劳务出口。

(6) 加快城市福利制度的改革，中心内容是城市福利水平不可脱离经济发展水平和城市生产率基础。防止“乱开空头支票的高福利”政策。为了解决转型期的一些突出矛盾，采用某些临时措施是必要的，但也要防止形成制度化的脱离经济发展水平的职业保险、失业救济、最低工资规定和再就业承诺。

在政策实施方面，城市下岗、失业和再就业问题主要是地方事务。各个城市的国有经济与非国有经济的比重不同，国有经济的状态和改革的实际进展不同，因此解决问题的路数可能也应该有所不同，没有必要将问题、责任和解决办法的寻找全部集中到中央政府。各地不同经验的创造和互相借鉴，将有利于我国经济顺利完成再一次“软着陆”。

图书在版编目（CIP）数据
中国做对了什么 / 周其仁著. — 北京：中国计划出版社，2017.5
ISBN 978-7-5182-0622-3

Ⅰ. ①中… Ⅱ. ①周… Ⅲ. ①中国经济－经济发展－研究 Ⅳ. ①F124

中国版本图书馆CIP数据核字（2017）第093916号

中国做对了什么
周其仁 著

中国计划出版社出版
网址：www.jhpress.com
地址：北京市西城区木樨地北里甲11号国宏大厦C座3层
邮政编码：100038 电话：(010) 63906433（发行部）
新华书店北京发行所发行
北京中科印刷有限公司印刷

787mm × 1092mm 1/16 16.5 印张 158 千字
2017年5月第 1 版 2017年8月第 1 次印刷

ISBN 978-7-5182-0622-3
定价：45.00元

质量监督电话：010-59096394
团购电话：010-59320018